결국,
아이디어는
발견 이다

결국,
아이디어는
발견___이다

박영택 지음

KMAC

거꾸로 보는 창의성

오랫동안 필자에게 창의성은 '좋지만 어려운 존재'였습니다. 작은 영감이 큰 성취의 씨앗이 되듯 어느 날 계시의 순간^{eureka moment}이 찾아왔습니다. 깨달음의 요지는 "생각을 바꾸면 창의성이 보인다"는 것이었습니다.

많은 사람들은 창의성의 본질이 독창성이라고 생각합니다. 물론 틀린 말이 아닙니다. 그러나 곰곰이 생각해보면 독창성의 사전적 의미인 "다른 것을 모방하지 않고서 새로운 것을 처음으로 만들어 내거나 생각해 내는 것"은 누구에게나 어려운 일입니다. 독창성을 창의성이라고 보면 그 누구도 창의성에 범접할 수 없습니다.

생각을 바꾸어 "하늘 아래 새로운 것이 없다"는 솔로몬의 지혜를 받아들이지 않으면 창의성은 '좋지만 어려운 존재'를 벗어날 수 없습니다. 우리가 창의적이라고 감탄하는 무수히 많은 사례를 모아 보면 뚜렷

한 공통점이 보입니다.

몇 년 전 "창의적인 발상에도 공통 패턴이 있다"는 것을 전제로 우리가 창의적이라고 생각하는 수많은 사례들의 공통적 사고패턴을 정리하여, 대학 강의를 외부에 공개하는 K-MOOC에 "창의적 발상: 손에 잡히는 창의성"이라는 주제로 소개하였는데 1만 명이 넘는 사람들이 수강하였습니다. 이 책은 이 강의의 교재로 사용된 『박영택 창의발상론』을 이번에 대폭 개정하면서 대중과의 소통을 위해 핵심내용을 간추린 것입니다.

생각을 바꾸면 창의성이 보입니다. 창의적 발상에도 보편적 패턴이 있습니다. 이 패턴을 배우고 익히면 멀게만 느껴지던 창의성이 내게 다가옵니다. 이 책을 통해 이러한 필자의 자각과 경험을 독자들과 공유하고자 합니다.

2019년 4월

상천(想泉) 박영택

contents

프롤로그: 생각을 바꾸면 창의성이 보인다
p r o l o g u e

1
제거: 앙꼬 없는 찐빵의 재발견
S u b t r a c t i o n

2
복제: 백지장도 맞들면 낫다
Multiplication

3

속성변경: 카멜레온처럼 변신하기

Attribute change

4

역전: 뒤집어서 판 바꾸기

R e v e r s a l

5

용도통합 : 도랑 치고 가재 잡고
Task unification

6
연결: 관련 없는 것들 짝짓기
Connection

에필로그: 우연한 행운을 관리해야 한다
epilogue

생각을 바꾸면 창의성이 보인다

창의성의 미몽에서 깨어나라

창의성이란 무엇인가

창의성이라고 하면 대부분의 사람들은 '무언가 새로운 것', '무언가 독창적인 것'을 머릿속에 떠올린다. '무언가 새롭고 독창적인 것'이 창의성의 본질이기는 하지만 그러한 것을 스스로 생각해내려면 어떻게 해야 할지 막막하기 그지없다.

창의적 인물들은 창의성에 대해 어떤 생각을 갖고 있을까? 누가 창의적 인물인가에 대해서는 다양한 시각이 있을 수 있겠지만 과학계에서는 아인슈타인, 예술계에서는 피카소, 산업계에서는 애플의 창업자 스티브 잡스가 창의적 인물 중 하나라는 데에는 이견이 없을 것이다. 그들이 말하는 창의성에 대한 생각을 한번 들어보자.

"창의성의 비밀은 그 출처를 숨기는 것이다."
- 알베르트 아인슈타인

"훌륭한 예술가는 베끼고 위대한 예술가는 훔친다."
- 파블로 피카소

"만약 당신이 창의적인 사람들에게
어떻게 그런 일을 해내었느냐고 묻는다면
그 사람들은 약간의 죄책감을 느낄 것이다.
왜냐하면 그들이 실제로 한 것이 아니라
무언가를 보았기 때문이다."
- 스티브 잡스

창의성에 대한 이들의 공통된 생각은 "창의성이란 무에서 유를 창조하는 능력이 아니다"라는 것이다. 이들은 모두 "독창성이란 단지 사려 깊은 모방일 뿐이다"라는 계몽주의 작가 볼테르와 같은 생각을 갖고 있다.

창의성이라고 하면 많은 사람들이 예전에 없던 것, 무언가 독창적인 것, 전혀 새로운 것을 연상하기 때문에 창의성은 '가까이 하기엔 너무 먼 당신'처럼 느껴지는 것이다. 듣지도 보지도 생각지도 못했던 것, 전혀 새로운 것, 무언가 독창적인 것을 만들어내야 한다고 생각하니까 한 치 앞도 보이지 않는 것이다.

브레인스토밍에 대한 헛된 믿음

브레인스토밍이 효과 없는 3가지 이유

창의성에 대한 올바른 이해를 위해 한 가지 더 알아야 할 것이 있다. 창의적 아이디어의 도출을 위해서는 브레인스토밍이 효과적이라는 생각은 사실과 다르다.

광고전문가였던 알렉스 오즈번Alex Osborn이 1953년에 출간한 자신의 저서 『응용 상상력Applied Imagination』에서 브레인스토밍을 소개한 이후, 이것은 말 그대로 "두뇌brain 속에서 아이디어가 폭풍storm처럼 쏟아져 나온다"는 의미로 받아들여져 폭발적으로 보급되었다. 브레인스토밍에서는 아이디어 발상을 위한 회합 시 다음과 같은 원칙의 준수를 강조한다.

다다익선_ 아이디어의 수가 많으면 많을수록 좋다. 우선 질보다 양을 추구하라.

비판금지_ 다른 사람의 아이디어에 대해 어떤 비판도 하지 말라.

자유분방_ 어떤 아이디어든지 주저하지 말고 말하라.

결합개선_ 다른 사람의 아이디어를 토대로 새로운 아이디어를 도출하라.

이상과 같은 '브레인스토밍의 4대 원칙'을 잘 지키면 아이디어가 폭풍처럼 쏟아져 나오고, 그 안에 좋은 아이디어가 포함되게 마련이라는 것이다. 그러나 많은 연구에 의하면 이러한 주장은 사실과 다르다[1]. 예를 들어, 미국 미네소타주에서 과학자 및 3M의 광고전문가들이 브레인스토밍의 실효성을 검증하기 위해 실시한 실험연구를 요약하면 다음과 같다[2].

동질적인 집단에서 8명의 피실험자를 뽑아서 그 중 4명은 브레인스토밍을 통해 아이디어를 도출하도록 하고, 나머지 4명은 개별적으로 아이디어를 내도록 했다. 실험 결과, 그룹으로 브레인스토밍을 하는 것보다 개별적으로 아이디어를 낸 후 취합하는 것이 더 좋은 것으로 나타났다. 개별적으로 낸 아이디어를 취합한 후 중복된 아이디어를 걸러낸 경우가 브레인스토밍을 실시한 것 보다 30% 이상 더 많은 아이디어가 나왔다. 이러한 양적인 우세뿐 아니라 질적으로도 더 우수한 것으로 나타났다. 또한 그룹의 크기가 늘어날수록 브레인스토밍의 상대적 생산성은 더욱 저하됐다.

그렇다면 일반적 믿음과 달리 브레인스토밍이 왜 효과가 없을까?

여기에는 다음과 같은 3가지 중요한 이유가 있다[3].

첫째로, 사회적 태만social loafing의 문제다. 사람들은 혼자 일할 때보다 여럿이 공동으로 일할 때 노력을 덜 하는 경향이 있다. 그룹으로 브레인스토밍을 실시할 경우에도 "내가 적극적으로 아이디어를 내지 않더라도 다른 사람들이 낼 테니까, 적당히 묻어가자"는 심리가 발동한다. 흔히들 무임승차라고 하는 것이다.

다음으로, 평가에 대한 우려evaluation apprehension다. 브레인스토밍의 4대 원칙 중의 하나가 비판금지, 좀 더 강하게 이야기 하면 비판엄금이지만 "내가 이런 아이디어를 내면 다른 사람들은 무슨 생각을 할까?"하는 우려를 누구나 하고 있다. 색다른 아이디어를 내면 다른 사람들이 회의 규칙상 말로는 비판하지 않지만 머릿속에서는 '저걸 말이라고', '무슨 뚱딴지같은 소리', '뭘 몰라도 한참 모르구먼', 이렇게 생각하지는 않을까 하는 염려를 누구나 갖고 있다. 비판금지와 자유분방이 브레인스토밍의 규칙이지만 실상은 그렇지 않다는 것이다.

마지막으로, 생산성 저해production blocking의 문제다. 브레인스토밍에서는 한 번에 한 사람만 의견을 낼 수 있다. 다른 사람이 의견을 낼 때 자신의 이야기를 하지 못하고 기다려야 한다. 또한 기다리는 동안 내가 말하고자 했던 것을 잊어버리는 경우도 종종 발생한다. 그뿐 아니라, 다른 사람이 이야기하는 동안 아이디어의 흐름이 끊기고 발상에 몰입할 수 없다.

천재들의 발상법을 배우자

창의적인 발상에도 패턴이 있다

모두가 창의성이 중요하다고 생각하면서도 창의성을 어렵게 받아들이는 이유는 "무언가 새롭고 독창적인 게 창의성이다"라는 고정관념을 갖고 있기 때문이다. 그렇다면 생각을 바꾸어 보자. "하늘 아래 새로운 것은 없다"는 말이 있지 않은가. 우리가 새롭고 독창적이라고 여기는 것들도 많이 모아서 보면 그 안에 공통점이 있지 않을까?

일찍이 이러한 생각을 한 선각자가 있었다. '발명적 문제해결론'으로 알려진 트리즈TRIZ를 창안한 겐리히 알트슐러Genrich Altshuller다. "수많은 발명적 해결책에는 공통적 패턴이 존재하지 않을까?", "만약 이러한 공통적 패턴을 규명하고 추출할 수 있다면 발명특허의 노하우를 누구라도 학습하고 적용할 수 있지 않을까?"라는 생각 하에 알트슐러는 자신이 조사한 20만 건이 넘는 특허 중 혁신적 해결책이 포함된 4만 건을 면밀히 검토한 결과 동일한 해결원리들이 여러 분야를 넘나들며 반복적으로 사용되는 것을 발견했다. 다음 예를 보자[4].

피망의 씨앗 제거

피망을 통조림으로 만들려면 꼭지와 씨를 제거해야 한다. 모양과 크기가 각양각색인 피망 속을 제거하는 작업은 자동화가 어렵기 때문에 수작업에 의존해 왔다. 이 작업의 자동화를 위한 해결책은 다음과 같다.

밀폐된 용기에 피망을 넣고 압력을 점차 높인다. 그러면 피망이 쭈그러들면서 가장 약한 꼭지 부분에 균열이 생긴다. 압축된 공기가 이 균열을 통하여 피망 속으로 들어가서 피망의 내부압력과 외부압력이 같아지게 된다. 이때 용기의 압력을 갑자기 낮추면 피망의 가장 약한 부분인 꼭지가 터지면서 꼭지에 달린 줄기와 씨가 함께 제거된다. 이 방법은 1945년에 특허를 받았다.

도토리의 껍질 제거

도토리 껍질을 제거하는 방법은 다음과 같다. 밀폐된 용기 안에 물과 함께 도토리를 넣고, 용기 내의 압력이 일정 수준에 도달할 때까지 열을 가한 후 갑자기 압력을 낮춘다. 이렇게 하면 높은 압력 때문에 열매 껍질 속에 스며들었던 물이 낮아진 압력으로 인해 껍질을 터뜨리면서 분출하기 때문에 껍질이 분리된다. 이 방법은 1950년에 특허를 받았다. 남극 새우로 불리는 크릴의 껍질을 벗기는 방법도 이와 동일하다.

해바라기 씨앗의 껍질 제거

해바라기 씨의 껍질을 제거하기 위해서는 앞의 두 사례에서와 같이 밀폐된 용기 안에 씨앗을 넣고 내부 압력을 높인 다음 갑자기 압력을 낮추면 된다. 그러나 한 번에 일정량의 껍질을 벗기는 방식 대신 이를 연속공정으로 바꿀 수 없을까?

씨앗을 넣은 용기의 내부 압력을 높은 상태로 유지한 상태에서 라발 노즐Laval nozzle(중간의 매우 좁은 부분을 통과하면 갑자기 넓어지는 관)을 통해 공기를 내보내면, 노즐의 좁은 부분을 빠져나오면서 껍질과 씨앗이 분리된다. 껍질과 씨앗의 무게 차 때문에 밖으로 나온 두 부분이 떨어지는 위치가 다르다. 이 방법은 1950년에 특허를 받았다.

인조 다이아몬드 쪼개기

인조 다이아몬드로 공구를 만들 때 균열이 있는 결정체는 사용할 수 없다. 균열이 간 틈새를 따라 분리하면 사용가능한 부분을 얻을 수 있지만, 틈새를 분리하려고 힘을 가하면 새로운 균열이 발생한다. 어떻게 하면 새로운 균열을 발생시키지 않고 인조 다이아몬드를 쪼갤 수 있을까? 방법은 다음과 같다. 밀폐된 용기 속에 균열이 있는 인조 다이아몬드를 넣고 수천 기압이 되도록 가압한 다음 갑자기 기압을 낮춘다. 이렇게 하면 기존의 균열 틈 속으로 스며들었던 공기가 팽창하면서 균열을 따라 결정체가 갈라진다. 이 방법은 피망 씨앗 제거법이 특허를 받은 지 27년이 지난 1972년에 특허를 받았다. 설탕 결정을 쪼개는 방법도 훨씬 낮은 압력을 사용하지만 원리는 동일하다.

이 4가지 예는 다음과 같이 일반화 할 수 있다.

[문제] 어떻게 전체에서 일부분을 분리할 수 있을까?
[해결책] 서서히 압력을 높인 다음 어느 순간 갑자기 압력을 낮춘다

대부분의 사람들은 당면 문제에 대한 해결책이 떠오르지 않으면 시행착오적 방법으로 이렇게도 해보고 저렇게도 해본다. 그러나 앞의 4가지 예에서처럼 서로 다른 문제에서 동일한 해결원리가 반복적으로 사용된다면 이러한 원리를 찾아서 자신의 문제에 적용하는 것이 훨씬 더 효과적일 것이다. 알트슐러는 기술적 문제해결에 사용된 해결원리들의 공통점을 추출하여 '40가지 발명원리'로 정리하였다.

트리즈의 40가지 발명원리가 기술적 난제 해결에는 유용하지만 이를 모두 배우고 익혀서 자신의 문제에 응용할 수준에 이르기까지는 보통 사람들이 감당하기 힘든 지난한 과정을 거쳐야 한다. 이러한 문제를 극복하기 위해 이스라엘의 로니 호로위츠와 제이컵 골든버그는 'SIT^Systematic Inventive Thinking'라는 이론을 개발했다[5].

SIT에서는 트리즈의 40가지 발명원리 중 사용빈도가 높은 것들을 뽑은 다음 이들을 유사한 것끼리 묶어서 '5가지 사고도구'로 집약했다. 그러나 SIT의 뿌리도 결국 트리즈이기 때문에 기술적 영역을 벗어나면 적용도가 떨어질 수밖에 없다.

필자는 SIT의 이러한 한계를 극복하기 위해 디자인, 비즈니스, 문화 예술 등을 포함하는 다양한 영역의 수많은 창의적 사례들을 모으고, 거기에 나타나는 공통적 사고패턴을 추출하였다. 이 책에서는 이렇게 추출된 창의적 발상의 보편적 패턴 중 주요한 것을 뽑아서 사례 중심으로 이해하기 쉽게 소개한다.

창의력을 높이는 6가지 발상코드

SMART Connection

필자는 창의적 발상의 보편적 사고 패턴들을 제거Subtraction, 복제Multiplication, 속성변경Attribute change, 역전Reversal, 용도통합Task unification, 연결Connection의 6가지로 정리하고, 기억하기 쉽도록 'SMART Connection'이라는 별칭을 붙였다.

SMART Connection은 6가지 발상코드 중 다섯 가지 코드(Subtraction, Multiplication, Attribute change, Reversal, Task unification)의 영문 머리글자에 마지막 코드인 Connection을 붙인 것이다.

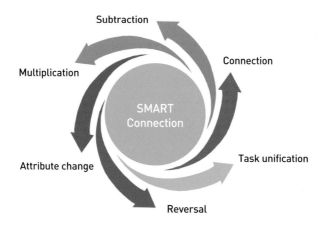

창의력을 높이는 6가지 발상코드

SMART Connection	설 명
제거 (Subtraction)	시스템의 구성요소 중 일부를 제거한다. 가능하다면 핵심 요소를 제거한다.
복제 (Multiplication)	시스템의 구성요소 중 하나를 시스템 내에 추가한다.
속성변경 (Attribute change)	외부 조건이나 경과 시간에 따라 시스템의 내부 속성을 바꾼다.
역전 (Reversal)	시스템과 관련된 일부 요소들의 위치, 순서, 관계 등을 반대로 바꾼다.
용도통합 (Task unification)	시스템을 구성하는 요소 중 하나가 다른 역할까지 수행한다. 일품이역(一品二役)
연결 (Connection)	서로 관련이 없어 보이는 두 개의 요소를 연관시켜 새로운 시스템을 고안한다.

6가지 발상코드의 내용

SMART Connection에 대한 간략한 설명은 표에 정리되어 있으며, 다음 장부터는 이들 각각에 대해 자세히 설명한다.

SMART Connection의 내용은 평범해 보일 수도 있지만 그 속에는 비범한 지혜가 들어있다. 이 책에 소개된 많은 사례들을 '창의적 발상의 공통적 패턴'이라는 프레임을 통해서 살펴보는 동안 특별한 능력을 가진 사람들의 것으로만 여겨지던 창의성이 여러분의 손안에 들어오는 놀라운 경험을 하게 될 것이다.

1

앙꼬 없는 찐빵의 재발견

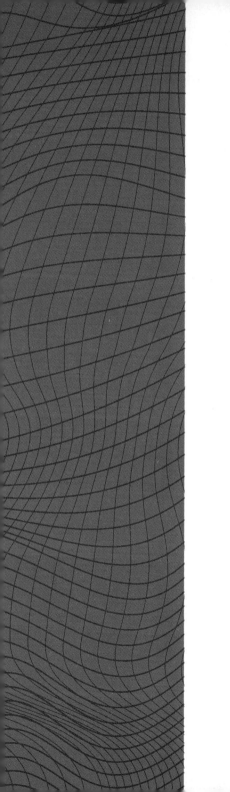

제거
Subtraction

정교함이 궁극에 이르면 단순함이 된다

애플이 추구하는 최고의 가치

2014년 8월『뉴욕타임스』에는 애플의 사내 교육기관인 애플대학을 취재한 기사가 실렸다[1]. 애플대학은 회사의 역사를 가르치고 기업문화를 심어주기 위해 스티브 잡스가 설립했는데, 그동안 외부에 공개된 적이 없었다고 한다. 다음은『뉴욕타임스』에 실린 기사의 주요 내용이다.

애플대학의 학장인 랜디 넬슨은 피카소의 석판화 연작 황소를 이용하여 애플이 추구하는 최고의 가치인 '단순함simplicity'에 대해 설명했다.

피카소는 1945년 12월 5일부터 1946년 1월 17일 사이에 황소를 주제로 11개의 석판화를 제작했는데, 처음에는 황소를 사실적으로 묘사했지만 뒤로 갈수록 점점 단순한 형태로 추상화했다.

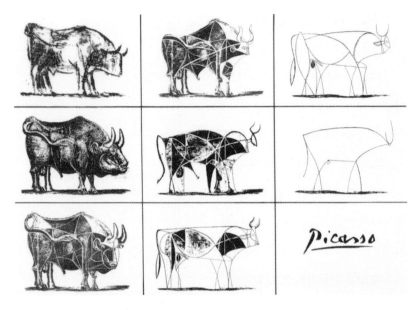

피카소의 석판화 연작 '황소'

　　위의 그림은 11개의 연작 중 8개를 제작 순으로 정리한 것이다. 황소 연작의 마지막 작품을 보면 얼굴, 다리 골격, 발굽 등이 없지만 누가 보더라도 그것이 황소인 것을 알 수 있다. 가장 본질적인 핵심 요소만 남을 때까지 단순화시켜야 한다는 애플의 디자인 철학을 설명하기 위해 피카소의 작품을 예로 사용한 것이다.

구글 리모컨 vs 애플 리모컨

이러한 애플의 디자인 철학이 현실문제에서 어떻게 구현되는지 설명하기 위해 랜디 넬슨은 구글 TV와 애플 TV의 리모컨을 비교한 슬라이드를 종종 사용한다. 구글 리모컨에는 버튼이 78개나 달려 있지만 애플 리모컨에는 버튼이 3개 밖에 없다.

구글은 프로젝트에 참여한 엔지니어와 디자이너들이 필요하다고 생각한 것들을 다 담았지만 애플은 꼭 필요한 것들만 남을 때까지 열띤 논쟁을 벌였다는 것이다. 그렇게 해서 최종적으로 남은 것이 동영상의 재생과 멈춤, 시청 프로그램의 선택, 메인 메뉴로의 복귀 버튼이었다.

애플이 피카소의 석판화 연작으로부터 배운 창의적 사고는 다름 아닌 '제거'였다. 이탈리아 르네상스 시대의 천재 레오나르도 다 빈치는 "단순함은 최고의 정교함"이라고 했는데, 이는 애플의 기업철학과 상통한다.

핵심 제거

줄 없는 줄넘기

우리는 보통 무언가를 더 좋게 만들고 싶을 때 외부에서 더 좋은 것을 가져와 추가하려고 하지만 창의력을 높이는 첫 번째 발상코드인 '제거subtraction'에서는 오히려 그와 반대로 기존에 있던 것을 빼라고 한다. 그것도 가능하다면 핵심적 요소를 빼라고 하기 때문에 심리적으로 '저항이 가장 큰 경로PMR, Path of Most Resistance'를 따르는 원칙이다.

좁은 공간에서 가볍게 할 수 있는 운동도구인 줄넘기. 그런데 줄이 없는 줄넘기를 상상할 수 있을까? 점프스냅JumpSnap사는 세계 최초로 이러한 아이디어를 상품화하고 특허로 등록했다.

줄넘기에서 줄을 없애면 어떤 일이 벌어질까? 우선 실내에서도 마음 놓고 운동할 수 있다. 회전하는 줄이 천장에 매달아 놓은 전등을 깨

앙꼬 없는 찐빵의 재발견

뜨릴 일도 없고, 천장이나 바닥을 때리는 소리를 듣지 않아도 된다. 아무리 기분을 내고 돌려도 줄이 발에 걸리질 않는다. 앞으로 돌리고, 뒤로 돌리고, X자로 돌리고, 한 번 뛰어 두세 번을 돌려도 걸리지 않는다.

단순히 이런 효과를 기대한다면 그냥 맨손으로 돌려도 되지 않을까? 봉이 김선달 같은 이런 아이디어 때문에 점프스냅을 세상에서 가장 멍청한 특허 상품이라고 비판하는 사람들도 있다.

하지만 줄이 없어도 줄이 있는 것 이상으로 많은 것을 할 수 있다. 손목을 돌리면 손잡이 앞에 매달아 놓은 작은 추가 돌아가면서 쌩쌩 소리를 내기 때문에 진짜 줄넘기를 하는 기분이 난다. 또한 손잡이에 있는 작은 액정 화면을 통해 운동시간, 회전수, 칼로리 소모량 등의 정보를 볼 수 있다. 그뿐 아니라 손잡이 뒷부분을 열어서 무거운 쇠막대기를 넣을 수 있기 때문에 팔 근력운동도 함께 할 수 있다.

점프스냅

날개 없는 풍력 발전기

2009년 다이슨Dyson사가 개발한 날개 없는 선풍기Air Multiplier는 선풍기의 개념을 완전히 바꾸어 놓았다. 이 선풍기는 원통형 받침대 안에 있는 모터가 회전하면서 공기를 빨아들인다. 받침대 안으로 들어온 공기가 위에 있는 둥근 고리의 틈새로 빠르게 빠져나가면 주변의 공기가 합류하여 원래 흡입된 공기보다 15배나 많은 바람이 나오도록 해 선풍적인 인기를 끌었다.

날개 없는 선풍기에 이어 이제는 날개 없는 풍력 발전기가 등장할 준비를 하고 있다. 풍력 발전기는 바람을 이용해 발전기의 날개를 회전

날개 없는 선풍기

앙꼬 없는 찐빵의 재발견

시키고, 이 회전력을 이용해 전기를 생산한다.

  그러나 청정에너지로 알려진 풍력 발전에도 몇 가지 큰 문제가 있다. 우선 발전기의 날개가 매우 커야 하므로 주변 경관을 해칠 뿐 아니라 날개가 회전할 때 발생하는 소음도 크다. 또한 새들이 돌아가는 날개에 부딪혀 다치거나 죽는 일도 적지 않다. 고장 시 이를 복구하는 것도 만만치 않다.

  네덜란드 정부의 혁신 프로그램의 일환으로 델프트공대Delft와 바거닝언대학Wageningen 등이 참여한 컨소시엄은 날개 없는 풍력 발전기 기술을 연구했다. 정전식 풍력 변환 기술을 적용하면 양극과 음극 사이에 양전하를 가진 물 입자가 이동하면서 전기를 발생시킨다.

더치윈드휠

여기에는 움직이는 기계적 장치가 들어가지 않으므로 부품의 마모로 인한 유지보수 비용이 거의 들지 않는다. 소음도 없고 회전 날개에서 발생하던 그림자의 현란한 움직임도 없다.

'더치윈드휠'이라는 이 신형 풍력 발전기는 물 위에 두 개의 큰 고리가 떠 있는 듯한 아름다운 형상을 하고 있는데, 안쪽 고리는 스카이라운지나 호텔, 식당, 주거 및 상업 시설 등으로 활용할 수 있다.

우산대만 남긴 지팡이 우산

여기 흥미로운 우산이 하나 있다. 우산은 우산인데 비를 막아주는 방수천이 없다. 방수천이 없어도 비를 막을 수 있을까? 우산살에 붙어 있는 방수천은 우산의 가장 중요한 부분이지만 여러 가지 문제를 야기하는 부분이기도 하다. 바람이 세게 불면 방수천이 뒤집어지거나 날아간다. 또한 혼잡한 곳에서는 펼친 우산끼리 부딪히기 때문에 우산을 펴고 걷기가 불편하다. 비가 그친 뒤에도 젖은 우산을 말려야 하는 일이 남아있다.

제임스 다이슨 디자인상을 받은 '에어블로우Airblow 2050'은 비를 막아주는 방수천이 없는 우산이다.

겉모습만 보면 지팡이를 거꾸로 들고 있는 것 같은 모습이다. 방수천과 그것을 지탱하기 위한 우산살이 없고 우산대만 남았기 때문이다.

앙꼬 없는 찐빵의 재발견

에어블로우 2050

우산대 안에 장착된 작은 모터를 돌려서 우산대 위로 공기를 뿜어 올리면 이 분출 공기가 빗방울을 위로 밀어 올려 옆으로 떨어지도록 한다는 개념이다.

이것이 가능하려면 모터가 우산대 안에 들어갈 만큼 작아져야 하고, 1회 충전으로 모터를 돌릴 수 있는 시간이 길어야 된다. 대중적으로 보급되기 위해서는 가격까지 내려가야 한다.

아마도 이 우산을 고안한 디자이너는 2050년이 되어야 이러한 조건이 충족될 것이라고 본 것 같다. 그러나 이것이 현실화 된다면 1000년이 넘도록 기본구조가 변하지 않았던 우산의 역사를 다시 쓰는 획기적 상품이 될 것이다.

알코올 없는 술

술의 핵심요소인 알코올을 빼면 어떻게 될까? 알코올이 없어도 술이라고 할 수 있을까?

2009년 일본 기린 사가 출시한 무알코올 맥주는 출시와 함께 선풍적 인기로 한 달 만에 품귀현상을 보였으며, 그 해의 히트상품 4위로 선정됐다. 지금까지도 꾸준히 팔리는 스테디셀러로 자리 잡았다.

알코올 섭취에 대한 부담 없이 시원한 맥주 맛을 즐기고 싶은 임산부나 20~30대 젊은 층이 많이 구매한다고 한다. 그밖에도 운전자나 체질적으로 술을 못 마시는 사람들이 회식 자리에서 무알코올 맥주를 찾는다. 이보다 더 큰 잠재시장이 있다. 종교적인 이유로 술을 금기시하는 중동지역에서도 무알코올 맥주 판매가 가능하다.

일반적으로 알코올 도수가 1% 미만일 때 무알코올 맥주라고 하는데 일반 맥주에 비해 칼로리가 40% 가량 적고 술이 아니라 청량음료로

기린 무알코올 맥주

분류되기 때문에 주세가 붙지 않아 가격도 상대적으로 저렴하다.

때 빼지 않는 세제

세탁용 세제에서도 뭔가를 한번 빼보자. 일반적으로 세제에는 때를 빼기 위한 세척제, 세탁한 옷이 깨끗하게 보이도록 하기 위한 표백제, 세탁한 옷에서 좋은 냄새가 나도록 하기 위한 방향제, 좀이 스는 것을 방지하기 위한 방충제 등의 성분이 포함되어 있다.

세제를 구성하는 이들 성분 중 가장 중요한 것은 역시 세척제다. 여기서 세척제 성분을 제거해보는 것이다.

요즘은 묵은 때를 빼기 위해 세탁하는 경우는 드물다. 한두 번 입은 옷을 그냥 입기가 찝찝해서 세탁하는 경우가 많다. 이런 경우 세척제가 많이 들어갈 필요가 없다. 세제에서 세척제 성분을 대폭 줄인 것이 옷감 프레셔너freshner라고 불리는 헹굼 세제다. 옷에 밴 땀 냄새나 먼지 등과 같은 가벼운 오염을 제거하고자 할 때 세탁용 세제 대신 헹굼 세제를 쓰면 세탁 시 옷감의 손상뿐 아니라 수질 오염도 줄일 수 있다.

무알코올 맥주나 옷감 프레셔너의 예에서 보듯이 핵심 요소의 제거를 통해 나온 신제품은 기존 제품과 고객이나 용도가 다르기 때문에 신제품 출시로 인해 기존 제품의 매출이 줄어드는 자기잠식cannibalization의 문제가 사라지는 경우도 많다.

비핵심 제거

콧구멍만 가리는 노스크

핵심 요소를 제거하는 것과는 반대로, 핵심만 남겨두고 나머지 곁가지들을 완전히 제거하는 것도 생각해 볼 수 있다.

우리나라 겨울철 날씨 특성은 삼한사온이 아니라 삼한사미三寒四微, 날씨가 더워지면 피서가 아니라 피미避微 여행을 떠올릴 정도로 미세먼지가 1년 내내 건강을 위협하고 있다.

미세먼지로 인한 피해를 줄이려면 마스크를 착용해야 한다. 그러나 마스크를 착용하면 불편한 게 한두 가지가 아니다. 대화하기 불편할 뿐 아니라 얼굴에 바른 화장품이 마스크에 묻어난다. 또한 안경에 김이 서려 시야를 가린다. 안경을 쓰지 않는 사람이라도 마스크를 착용하면 독감이나 폐렴 같은 전염성 호흡기 질환에 걸린 것으로 의심 받아 남들이

앙꼬 없는 찐빵의 재발견

노스크

가까이 오는 것을 꺼린다. 인적이 드문 어두운 곳에서 마스크를 쓰면 잠재적 범죄자로 오인 받기도 한다.

곰곰이 생각해 보면 흡입 공기에 있는 이물질을 걸러 내기 위해 얼굴 아래쪽 절반을 모두 가려야 할 필요가 없다. 콧구멍을 통해 공기가 몸 안으로 들어가기 전에 걸러내기만 하면 된다. 이러한 점에 착안하여 우리나라 방진필터 전문기업 ㈜드림에어의 정진구 대표는 마스크 착용에 따르는 제반 문제를 해결한 획기적 제품인 '노스크Nosk'를 개발했다.

노스크란 제품명은 코nose와 마스크mask를 합한 조어造語이다. 3중 구조의 부드러운 고성능 필터 두 개를 투명한 클립으로 연결한 이 제품을 양쪽 콧구멍에 끼우면 겉으로 드러나지 않으면서도 미세먼지나 분진 등의 체내 흡입을 차단한다.

핸들과 안장까지 없앤 자전거

이번에는 자전거를 생각해 보자. 자전거에서 가장 중요한 바퀴를 제거하면 야외 이동용 자전거가 실내 운동용 자전거로 바뀐다. 그런데 어지간히 넓은 집이 아니라면 운동용 자전거마저도 실내에 둘 곳이 마땅치 않다. 거실이나 안방에 둘 수는 있겠지만 인테리어 용품이 아니므로 눈에 거슬리기 마련이다.

불필요한 것을 제거한다는 관점에서 이 문제를 바라보자. 하체 운동, 그중에서도 특히 무릎관절 부위의 근육 강화를 위해 사용되는 운동용 자전거에서 핸들과 안장이 꼭 있어야만 할까?

'사이클리Cycli'는 실내 운동용 자전거에서 무릎운동에 필요한 구동 부분만 남기고, 핸들과 안장 및 이들을 지지하기 위한 프레임을 모두 제거한 제품이다. 거추장스러운 핸들과 안장 및 프레임이 없기 때문에 실내에

사이클리

앙꼬 없는 찐빵의 재발견

두기가 한층 수월하다. 책상 밑에 두면 공부나 사무작업을 하면서 운동할
수 있고, 소파 앞에 두면 쉬거나 TV를 보면서 운동할 수 있다.

안경테를 없앤 3D 안경

영화관에서 3D 영화를 보려면 3D용 안경을 껴야 한다. 평소에 안
경을 쓰는 사람들은 시력 교정용 안경 위에 3D용 안경을 하나 더 쓰는
것이 어색하고 불편하다. 그런데 3D용 영화를 즐기기 위해 필요한 것은
편광 렌즈이지 안경테나 안경다리가 아니다. 이미 안경을 쓰고 있는 사
람들에게 안경테와 안경다리를 다시 착용하게 할 필요가 없다. 정수민
과 안대진 디자이너는 이러한 점에 착안하여 시력교정용 안경 렌즈 위
에 부착할 수 있는 3D용 필름 스티커인 '스틱스Stix'를 고안했다.

스틱스

포트를 없앤 전기포트

호텔 방에 비치된 커피를 한 잔 마시기 위해 전기주전자로 물을 끓이려면 500ml 생수 한 병이 다 필요하다. 이러한 자원과 에너지의 낭비를 줄일 수 있는 방법이 없을까?

네덜란드 아인트호벤디자인아카데미 재학생 두 명이 이 문제를 해결했다. 이들은 전기주전자의 핵심요소인 가열하는 부분만 남겨두고 나머지를 모두 제거하는 아이디어를 졸업 작품으로 제출했는데 이를 상품화한 것이 '미토Miito'라는 제품이다. 미토라는 제품명은 특별한 뜻이 있는 것이 아니라 어느 나라 언어로도 발음이 편하고 기억하기 쉽도록 작명한 것이라고 한다.

이 제품은 주전자에 물을 끓인 후 필요한 만큼 컵에 따르는 것이 아

미토

앙꼬 없는 찐빵의 재발견

니라, 필요한 양만큼의 물을 사용하고자 하는 컵에 담아서 끓일 수 있도록 했다. 코일이 내장된 인덕션 위에 물을 담은 컵을 놓고 가느다란 금속 막대를 물속에 넣으면 인덕션이 전자기장을 발생시켜서 이 막대를 가열한다. 전자기장은 철분이 함유된 재료에 열을 발생시키기 때문에 비철재료로 만든 용기라면 형태나 크기에 상관없이 물을 포함한 각종 액체를 끓일 수 있다.

분무통을 없앤 분무기

레몬즙을 음식 위에 뿌리기 위해 손이나 집게로 레몬 조각을 짜는 동작은 성가실 뿐 아니라 보기에도 그다지 좋지 않다. 주스 스프레이어인 '스템Stem'은 분무기의 통을 제거하고 분사 장치만 남긴 것이다. 분무통 대신 레몬에다 직접 분사 장치를 꽂아서 사용하면 편리할 뿐 아니라

스템

레몬즙도 훨씬 더 신선할 것 같은 느낌을 준다.

『어린 왕자』의 작가로 잘 알려진 프랑스 소설가 생텍쥐페리는 다음과 같이 말했다.

"완전함은 더 추가할 것이 없을 때가 아니라
더 빼낼 것이 없을 때 이루어진다."
- 생텍쥐페리

이것은 첫 번째 창의발상코드인 '제거'의 의미를 명쾌하게 표현한 것이다. 우리는 무언가를 개선하고자 할 경우 더 좋은 것을 추가하려고 한다. 창의적 발상에서는 그렇게 하지 말고 그 반대로 하라고 한다. 생각의 관성을 벗어나지 못하면 참신한 아이디어 창출이 어렵기 때문이다.

앙꼬 없는 찐빵의 재발견

문화예술에 내재된 제거 코드

음표 없는 연주곡

기업의 세계에서는 남이 먼저 한 것이라도 '더 좋게, 더 빨리, 더 싸게' 따라 할 수 있다면 경쟁력이 높다고 한다. 그러나 예술에서는 남다른 점이 없다면 모두 짝퉁에 불과하다. 따라서 예술에서 창의적 발상이 어떻게 구현되고 있는지 살펴보는 것이 창의성을 이해하는데 큰 도움이 된다.

1952년 8월 29일, 뉴욕주 우드스톡의 매버릭 콘서트홀에서 피아니스트 데이비드 튜더David Tudor의 연주회가 열렸다. 튜더는 피아노에 앉은 다음 잠시 후 피아노 뚜껑을 닫고 그 위에 스톱워치를 얹고서 33초를 기다린 다음 1악장이 끝났다는 표시로 피아노 뚜껑을 열었다. 2악장과 3악장도 뚜껑을 닫고 각각 2분 40초와 1분 20초를 기다렸을 뿐 어떤 연주도 하지 않았다. 연주에 사용된 악보에는 어떤 음표도 없었다. 다만 각

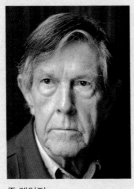

존 케이지

악장에는 연주하지 말라는 뜻의 타셋TACET이라는 표기만 있었다.

피아노 앞에 앉은 연주자가 아무런 연주도 하지 않자 청중들은 웅성거리기 시작했고, 어떤 이는 화가 나서 자리를 박차고 나갔다. 삐걱거리는 의자 소리와 기침 소리 등이 간간이 들렸다. 연주회는 그렇게 끝났다.

데이비드 튜더에 의해서 초연된 이 작품은 미국의 전위 음악가 존 케이지John Cage가 작곡한 '4분 33초'라는 곡이다. 4분 33초라는 곡명은 총 연주 시간에서 따온 것이다. 악보에는 아무런 음표가 없고 연주자는 건반을 한 번도 두드리지 않는다. 20세기의 음악 작품 중 가장 논란이 많은 곡이기도 하다.

존 케이지는 이 작품이 악기의 종류에 상관없이 독주獨奏나 합주合奏가 모두 가능한 곡이라고 했다. 이 작품에서 그는 왜 모든 음표를 제거했을까? 음표가 없는 작곡이 어떻게 있을 수 있으며, 연주가 없는 연주회가 말이나 되는가?

"우리가 하는 모든 것이 음악Everything we do is music"이라는 그의 말에서 기존의 음악 세계를 탈피하려는 의도를 읽을 수 있다. 그는 "음악이란 무엇인가?"라는 근본적 질문을 던지면서 관객들의 기침소리, 웅성거림, 빗소리, 침묵 또한 음악이 될 수 있다고 보았다[2]. 존 케이지는 피아노나 바이올린 등 18세기 악기가 내는 소리만을 음악의 영역으로 설정

앙꼬 없는 찐빵의 재발견

하는 고정관념에 대해 반기를 든 가장 적극적인 전위 음악가였다[3].

존 케이지는 모든 사람들이 작곡에 필수적이라고 생각하는 음표를 제거한 작품을 통해 20세기의 가장 위대한 작곡가로 우뚝 설 수 있었다.

주방용품이 될 뻔했던 조각 작품

추상 조각의 선구적 작품으로 평가받는 콘스탄틴 브랑쿠시Constantin Brancusi의 '공간 속의 새'라는 작품에 얽힌 다음 이야기를 보자[4].

1926년 미국의 사진작가 에드워드 스타이켄은 파리에서 이 작품을 구입해 돌아오면서 면세품인 미술품으로 세관신고를 했다. 그러나 '새'라면 마땅히 부리와 날개, 깃털이 있어야 한다고 굳게 믿었던 세관원의 눈에 뾰족한 쇳덩이가 미술품으로 보일 리 없었다. 미국 세관은 이를 '주방용기와 병원용품' 항목으로 분류하고 230달러의 관세를 매겼다.

스타이켄은 세관을 상대로 소송을 제기했다. 미술에 대해 보수적인 이들은 이 작품에 대해 "새처럼 보이지 않고, 별로 아름답지 않으며, 작가가 손으로 만든 것이 아니므로 미술이 아니다"라고 했다. 그러나 브랑쿠시는 "평생토록 나는 비상의 본질을 추구했다"고 증언했으며, 스타이켄은 "미술가가 '새'라고 했으니 이것은 새"라 주장했다. 판사는 스타이켄에게 "만일 사냥을 나갔는데 나무 위에 저 물건이 있었다면 '새'라고 여기고 쏘

콘스탄틴 브랑쿠시의 '공간 속의 새'

앉겠느냐"고 물었다. 당황한 스타이켄은 대답을 못했지만, 어쨌든 재판정
은 '새를 연상하기엔 어렵지만 전업작가가 만든 작품이며 보기 좋기 때문
에 미술품'이라고 판결하고 스타이켄의 손을 들어주었다.

　이 일화는 눈에 보이는 것을 '재현'하는 구상 미술에서 대상의 본질
을 '표현'하는 추상 미술로의 전환기에 있었던 예술 인식의 간극을 잘
보여준다.

　사물의 본질을 간결하게 표현하려면 제거를 통해 눈에 보이는 것을
부분적으로 생략하고 단순화해야 한다. 브랑쿠시의 청동 조각 '공간 속
의 새'는 하늘을 향해 비상飛上하는 새의 역동적 이미지를 군더더기 없
이 간결하게 표현하고 있다.

　앙꼬 없는 찐빵의 재발견

대사 한마디 없이 성공한 연극

우리나라 공연사상 최다 관객을 동원한 '난타'는 1997년 10월 호암 아트홀에서의 초연 이래 공연을 지속하여 2014년 연말 기준으로 누적 관람객 1000만 명을 돌파했다. 그동안 국내에서 1000만 관객을 돌파한 한국영화만 20개 이상 나왔기 때문에 난타 1000만 명 돌파가 대단한 기록이 아니라고 생각하기 쉽지만 수백 개의 극장에서 하루에 몇 차례씩 상영되는 영화와는 그 의미가 다르다.

소재의 차별화와 언어장벽의 극복이라는 두 가지 전략에 따라 난타는 무대를 한국의 부엌으로 삼고 사물놀이 장단에 맞추어 대사 없이 주방기구를 신명나게 두드리는 코미디극으로 기획되었다. 우리말을 모르는 외국인들도 쉽게 관람할 수 있도록 대사를 '제거'한 비언어극non-verbal performance으로 만들었기 때문에 1000만 관객 중 85%를 외국인이 차지했다.

비언어극 '난타' 공연 장면

2

백지장도
맞들면 낫다

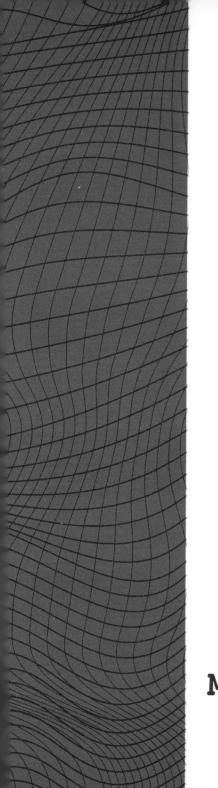

복제
Multiplication

기술진화의 기본법칙

에디슨이 발명한 축음기의 진화

일반적으로 기술은 단일시스템mono-system에서 이중시스템bi-system을 거쳐 다중시스템poly-system으로 발전한다. 음향시스템을 예로 들어보자.

1877년 에디슨은 소리를 녹음하여 들을 수 있는 축음기를 발명하였다. 그는 축음기의 용도를 속기사 없이 받아쓰기, 시각장애인의 독서, 노래의 녹음과 재생, 사람의 육성이나 유언의 보관, 부정확한 발음의 교정, 강의노트 필기 대용, 전화 통화 내용의 영구보존 등이라고 하였다. 소리만 잘 재생되면 이러한 용도로 사용할 수 있기 때문에 스피커가 하나 이상 있을 이유가 없었다.

그러나 2개의 스피커(2채널)로 소리를 듣는 스테레오 음향기술이 나오면서 입체음향의 시대로 옮겨간다. 이 기술은 1931년 영국의 전기 공

에디슨과 축음기

학자였던 앨런 블럼라인Alan Blumlein이 발명하였다. 영화에서 하나의 스피커를 통해 나오는 여러 배우들의 목소리를 듣고 누구의 목소리인지 구분하기 어려워 몰입할 수 없었던 그의 경험이 발명의 계기였다고 한다.

블럼라인이 생각해 낸 아이디어는 간단했다. 두 개의 마이크를 일정한 거리로 떨어뜨려 놓고 각각 다른 오디오 채널로 녹음한 후, 녹음된 두 개의 소리를 스크린 양쪽 끝에 설치한 각기 다른 스피커를 통해 재생하는 것이었다. 블럼라인은 이와 관련된 특허를 신청했는데, 그 안에는 하나의 축음기 음반에 두 개의 채널을 기록할 수 있는 방법까지 포함되어 있었다고 한다. 요즈음 영화관이나 홈시어터 시스템에서는 5.1채널(5채널+서브우퍼)의 서라운드 입체음향이 일반화되어 있다.

이와 같이 단일시스템에서 이중시스템으로, 이중시스템에서 다중시스

백지장도 맞들면 낫다

비틀즈가 사용하던 블럼라인 설계 녹음설비

템으로 발전하는 것이 기술진화의 보편적 법칙 중 하나다. 이에 주목하여 기존 시스템 내에 존재하는 요소를 복수화하여 보다 진화된 시스템을 만들어 보자는 것이 창의력을 높이는 두 번째 발상코드인 '복제multiplication'다.

이중 잔의 변형

우리 일상생활과 밀접한 복제의 예를 하나 보자. 잔 속에 또 하나의 잔을 넣은 이중 잔은 보온이 잘되기 때문에 뜨거운 음료나 찬 음료의 맛을 음미하면서 천천히 즐기기에 적합하다. 또한 안쪽 잔과 바깥쪽 잔 사이에 공기층이 있으므로 뜨거운 음료를 담아도 맨손으로 들 수 있다.

두 개의 잔을 포개지 말고 아래위로 붙여 보면 어떨까? 중국인들은 멀리서 친구가 오면 잘 익은 술과 향긋한 차를 대접한다. 이러한 관습을

이중 잔(1)

반영하여 대만의 시치喜器라이프 사는 차와 술을 하나의 잔으로 마실 수 있는 '차주배茶酒杯'를 고안했다. 잔의 한 쪽은 술잔이고 다른 쪽은 찻잔으로 구성된 위아래가 다른 이중 잔이다.

차주배와 마찬가지로 화이트 와인용의 긴 잔과 레드 와인용의 넓은 잔을 위아래로 붙이거나 우리나라 애주가들을 위해 맥주잔과 소주잔을 붙이는 것도 가능하다.

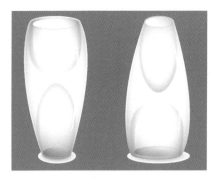

이중 잔(2)

요소 복제

이중 삼중 면도날로 대박

'요소 복제'는 시스템의 기존 요소 중 일부를 복수화複數化하는 것이다. 앞서 설명한 이중 잔의 예에서 두 개 잔의 모양이나 크기가 조금씩 다르듯이 복제된 요소는 기존 요소를 필요에 따라 조금 변형해도 무방하다. 요소 복제를 적용하면 사용성이나 기능성의 측면에서 새로운 고객편익이 창출되는 경우가 많다.

먼저 면도기에 대해 생각해 보자. 면도의 역사는 청동기 시대까지 거슬러 올라가지만 19세기까지만 해도 매일 면도하는 사람은 많지 않았다. 부자들은 면도하는 하인을 따로 두거나 이발소에 자주 갈 수 있었지만 그렇지 못한 사람들 중에는 평생 면도를 하지 않은 사람도 있었다.

목재 표면을 다듬는데 사용되는 대패에서 아이디어를 얻은 안전면

청동기 시대의 면도기

도기가 등장하면서 비로소 면도가 일상생활 속으로 들어왔다.

20세기 이전까지만 해도 면도날은 오래 사용하면 날이 무뎌지기 때문에 매번 숫돌이나 혁대에 갈아서 사용해야 하는 불편함이 따랐다. 1901년 킹 질레트King C. Gillette는 날만 교체할 수 있는 안전면도기를 개발, 이러한 불편을 없앰으로써 면도기의 역사를 새롭게 썼다.

질레트는 자신이 개발한 안전면도기의 보급을 위해 면도기 본체는 원가 이하에 판매하고 교체용 면도날의 판매를 통해 수익을 창출하는 새로운 사업방식을 개발했는데 이것이 오늘날 공짜마케팅의 대표적 유형으로 널리 알려진 '면도기-면도날 사업모델The razor and blades business model'의 탄생 배경이다.

1960년대 이후 면도기의 머리 부분을 통째로 교체하는 카트리지 방식으로 면도기의 설계가 바뀌었지만 그의 사업모델은 여전히 적용되고 있다.

백지장도 맞들면 낫다

요즘 사용되는 면도기의 카트리지를 보면 면도날이 여러 개 내장된 것들이 많다. 면도날에 복제의 개념이 적용되면서 기술적으로 진화하고 있는 모습니다.

1971년 질레트는 '트랙 투Trac II'라는 이중 면도날을 처음으로 선보였다. 면도날이 두 개이면 첫 번째 날이 수염을 피부 위로 누르면서 깎을 때 두 번째 날이 깎이지 않고 남아 있는 수염의 밑동을 잘라낸다. 이 때문에 이중 면도날을 사용하면 칼질하

질레트 안전면도기 광고

는 횟수가 줄어들고, 이에 따라 피부에 가해지는 자극도 줄어든다.

질레트는 1988년 이중 면도날에 날 하나를 더 추가한 삼중 면도날 '마하3Mach3'를 출시했는데 이 제품은 전 세계적으로 무려 1억 개 이상 팔린 대박 상품이 됐다.

질레트의 안전면도기 마하3

아무 데나 눌러도 분사되는 꼭지

　헤어스프레이, 향수, 탈취제, 살충제 등과 같은 스프레이 용품에는 분사 노즐이 하나밖에 없어서 사용할 때마다 분사 구멍의 방향에 맞추어 눌러야 한다. 분사 꼭지를 누를 때마다 방향을 맞출 필요가 없다면 훨씬 편리하지 않을까?

　한남대 배빛나, 연세대 조혜인, 한국산업기술대 김슬기 세 학생은 여러 방향에서 분사할 수 있는 스프레이를 고안해 이 문제를 해결했다.

　꼭지의 재질을 부드러운 실리콘 소재로 바꾸고, 꼭지 아래 있는 노즐을 여섯 개로 늘려 여러 방향으로 배치한 '프리 홀 스프레이Free Hole Spray'는 어디를 눌러도 분사가 된다. 이 아이디어로 세 학생은 레드닷 디자인 어워드의 디자인 콘셉트 부문 최고상을 수상했다.

프리 홀 스프레이

바둑판 같은 플러그 소켓

벽에 매립되어 있는 플러그 소켓은 보통 2개의 플러그를 나란히 꽂을 수 있도록 만들어져 있다. 하지만 머리가 큰 어댑터를 하나 꽂고 나면 나머지 한쪽 구멍이 가려져 사용하지 못한다. 또한 플러그 소켓 앞에 덩치 큰 가구라도 놓이게 된다면 플러그 소켓의 구멍을 찾기도 어렵다.

호서대 이단비 교수팀이 디자인 한 '오켓O'ket'은 이러한 불편을 해소한 것이다. 가정이나 사무실에 공급되는 전기는 교류이기 때문에 플러스 마이너스 극이 따로 없다. 따라서 소켓 구멍을 두 개로 한정하지 않고 여러 개로 늘려도 무방하다. '오켓'은 바둑판 격자처럼 가로 세로 일정한 간격으로 플러그가 들어가는 구멍을 여러 개로 늘린 것이다. 이렇게 하면 플러그를 꽂을 때 특정한 구멍에 맞출 필요도 없고 머리가 큰 어댑터가 꽂혀 있더라도 다른 플러그를 쉽게 꽂을 수 있다. 이 디자

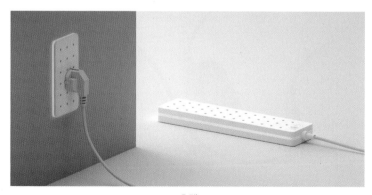

오켓

인은 K-디자인 어워드 은상과 레드닷 어워드 디자인 콘셉트 부문 수상
작이다.

멀티탭으로 사용하는 전선

정보기기와 전기용품 등의 사용이 늘어나면서 여러 개의 플러그
를 꽂을 수 있는 멀티탭이 가정이나 사무실의 필수품으로 자리 잡고
있다. 그러나 가장 큰 문제는 여러 개의 플러그를 하나의 멀티탭에 꽂
아야 한다는 점. 이 때문에 전선들이 복잡하게 얽혀 있고 보기에도 좋
지 않다.

물이 파이프를 따라 이동하는 것처럼 전선 전체에 전류가 흐르는데

멀티 전기선

백지장도 맞들면 낫다

군이 멀티탭의 콘센트 한 곳에만 전기를 연결할 필요가 있을까?

SADI(삼성디자인교육원)에 재학 중이던 송원준은 전기선의 중간 중간에 직접 플러그를 꽂을 수 있도록 한 '멀티 전기선Multi Lines'을 고안했다. 이 멀티 전기선은 레드닷 디자인 어워드와 iF 디자인 어워드 디자인 콘셉트 부문 수상작이다.

듀얼뷰 카메라

복제의 개념이 가장 활발하게 적용되고 있는 분야 중 하나는 '카메라'다. 삼성은 세계 최고의 전자회사지만 카메라 부문에서는 캐논이나 니콘 같은 일본 광학기업에 비해 경쟁력이 떨어진다는 평가를 받아 왔다.

삼성은 이러한 현상을 돌파하기 위해 어떻게 하면 차별화된 제품을 만들 수 있을까 고민하던 중 고객들이 카메라로 무엇을 많이 찍는지 심층조사를 실시했다.

조사결과 뜻밖의 결과가 나타났다. 젊은 층은 우리가 흔히 생각하는 풍경 사진보다 스마트폰으로 '셀카' 찍듯이 자기 자신을 찍는 일이 훨씬 많다는 것이었다.

하지만 대부분의 카메라는 LCD창이 카메라 뒤쪽에 있어서 자신의 모습을 보면서 마음에 드는 사진을 찍을 수 없었다. 이 문제를 해결

삼성 듀얼뷰 카메라

하기 위해 뒷면에 있는 LCD 창을 복제해 카메라 앞면에 1.5인치 크기의
작은 창을 하나 더 달아 셀카로 쉽게 사용할 수 있도록 한 것이 '듀얼
뷰 카메라DualView Camera'다. 2009년 삼성디지털이미징 사업부가 출시
한 이 카메라는 출시 3개월 만에 100만 대가 넘게 팔리는 대성공을 거
두었다.

스마트폰 외장 렌즈

스마트폰의 기능 중 소비자들이 매우 중요하게 생각하는 것 중 하
나는 카메라이다. 이것 때문에 '똑딱이'라고 불리던 보급형 카메라가
시장에서 사라졌다. 화소 수가 클수록 해상도가 좋기 때문에 스마트폰
카메라는 화소 수를 증가시키는 방향으로 계속 진화해 왔다. 2000년대

백지장도 맞들면 낫다

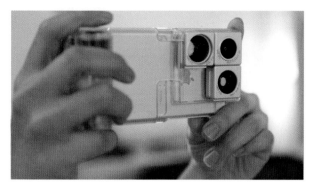

퍼즈룩

초반 30만 화소에 불과하던 휴대폰 카메라가 1000만 화소를 넘어선 지 오래다.

'퍼즈룩PUZLOOK'은 화소 수를 기준으로 경쟁하던 스마트폰 카메라에 다른 방식의 가치를 제안했다. 3~5개의 보조렌즈가 달린 케이스를 스마트폰에 끼우면 줌렌즈 기능, 광각렌즈 기능, 어안렌즈 기능 등을 사용할 수 있다. 퍼즐 조각을 맞추듯이 보조렌즈를 움직여 원하는 렌즈를 쉽게 선택할 수 있다. 이 제품은 2014년 국제 소비자가전 전시회CES에서 혁신 디자인 및 공학상을 수상했다.

지금은 기술발전으로 인해 지금은 스마트폰에 이런 보조 장치를 끼울 필요가 없도록 스마트폰 앞뒷면에 렌즈를 여러 개 내장하는 쪽으로 '복제'의 활용이 강화되고 있다.

냉장고 문 안에 또 다른 문

혁신적인 가전제품에도 복제 코드가 숨어 있다. 2010년 LG전자는 세계 최초로 냉장고 문 안에 또 하나의 문이 달린 '매직 스페이스Magic Space'를 출시했다.

자주 꺼내는 식료품을 매직 스페이스 공간에 넣어두면 냉장고 문 전체를 여닫는 횟수를 대폭 줄일 수 있다. 실제 조사에 의하면 매직스페이스를 사용하는 소비자의 경우 냉장실 사용 횟수가 절반으로 줄어들었고, 그에 따라 냉기 손실도 감소, 전기료 부담까지 낮출 수 있었다고 한다.

LG전자의 매직스페이스 냉장고

백지장도 맞들면 낫다

세탁기 문 안에 또 다른 문

세탁기에도 비슷한 개념의 복제 원리가 적용되고 있다. 드럼세탁기의 경우 문이 앞쪽에 달려 있어 세탁 중에 문을 열면 물이 쏟아지기 때문에 세탁이 시작되고 나면 세탁물을 추가하기 어렵다는 단점이 있다. 세탁물을 추가로 넣으려면 물이 빠질 때까지 기다렸다가 세탁물을 넣고 다시 물을 채워야 한다.

삼성전자가 출시한 드럼세탁기 '애드워시AddWash'는 이러한 불편을 없앤 제품이다. 드럼세탁기의 둥근 문 위쪽에 작은 창문을 추가해 깜빡 잊고 세탁기에 넣지 못한 빨랫감을 쉽게 추가할 수 있도록 했다. 이 창문을 통해 캡슐형 세제를 넣을 수도 있다.

삼성전자의 애드워시 세탁기

위아래, 제각각 돌아가는 세탁기

　세탁통에 복제의 개념을 적용시킨 제품도 있다. 세탁기 사용과 관련한 소비자들의 잠재적 불만 중 하나는 여러 종류의 세탁물을 하나의 세탁기로 함께 돌려야 한다는 점이다. 대부분의 고객들은 물감이 잘 빠지는 옷이나 피부에 직접 닿는 속옷 등은 따로 세탁하길 원한다. 특히 신생아가 있는 가정에서는 어린 아기의 빨래를 따로 세탁하고 싶어 한다. 그러나 일반 가정에서 세탁기 두 대를 놓을 만한 여유 공간이 없다.

　LG전자의 '트윈워시TWIN Wash'는 드럼세탁기 하단에 작은 통돌이 세탁기를 추가하여 이러한 문제를 해결한 제품이다. 필요에 따라 세탁기 두 대 가운데 한 대만 사용할 수도 있고, 두 대를 동시에 사용할 수도 있기 때문에 시간과 공간을 절약할 수 있다.

LG전자의 트윈워시 세탁기

승강장 외부 지하철 전광판

서비스시스템에 복제가 적용된 예를 보자. 지하철역에 설치된 교통 정보 전광판을 보면 다음 전동차가 어디쯤 있는지 표시되기 때문에 대기 고객들은 얼마나 더 기다려야 할지 짐작할 수 있다. 이것은 서비스시스템의 중요한 기능 중 하나다.

일반적으로 서비스 만족도를 높이려면 대기시간을 줄여야 하지만 이를 구현하려면 시설이나 인원을 늘려야 하는 문제가 있다. 이러한 제약 때문에 대기시간을 단축하기 힘든 경우에는 기다리는 시간이 덜 지루하게 느껴지도록 시스템을 설계해야 한다. 물리적으로 동일한 시간을 기다리더라도 체감시간을 줄이려면 '대기의 심리학The psychology of waiting lines'을 고려해야 하는데, 그중 하나가 얼마를 더 기다려야 할지 알면 그렇지 않은 경우보다 훨씬 덜 지루하다는 것이다. 교통정보시스템은 대기의 심리학을 적용한 대표적 예다.

그런데 전광판이 대기 승강장에만 있는 것이 아니라 개찰구 바깥에도 있다. 말하자면 전광판을 복제해서 외부에 추가적으로 설치한 것이다. 아마 대중교통을 자주 이용하는 사람이라면 이 외부 전광판이 정말 요긴하다는 것을 잘 알고 있을 것이다. 다음 열차가 가까이 있으면 빠른 걸음으로 개찰구 안으로 들어가고 그렇지 않은 경우에는 여유 있게, 때에 따라서는 화장실까지 들른 다음 승강장으로 들어간다. 이것은 복제의 개념을 적용해 새로운 효용을 창출한 좋은 예다.

복제형 비즈니스

패스트푸드산업을 개척한 맥도날드 형제

미국 캘리포니아주의 소도시 샌 버나디노에 살던 리처드 맥도날드 Richard McDonald와 모리스 맥도날드 Maurice McDonald 형제는 포드의 대량 생산방식을 햄버거 제조에 도입하여 패스트푸드라는 새로운 산업을 창출했다.

1940년 그들은 '모리스 앤 리처드 맥도날드'라는 햄버거 가게를 열었는데 시쳇말로 초대박이었다. 성공의 비결은 양질의 표준화된 음식인 햄버거와 감자튀김을 신속하게 제공하는 것이었다.

맥도날드 형제가 패스트푸드라는 신천지를 개척했지만 이를 토대로 억만장자가 된 것은 햄버거 가게에 밀크셰이크 기계를 납품하던 레이 크록 Ray Kroc이었다.

백지장도 맞들면 낫다

어느 날 레이 크록은 맥도날드 형제가 사용하는 기계와 동일한 것을 구매하려는 고객들의 전화가 이어지자 궁금증이 생겼다.

"도대체 맥도날드 형제가 누군데 고객들이 유독 그들이 사용하는 5축 멀티믹서기를 찾는 거지?"

수소문을 해본 결과 맥도날드 형제는 무려 8대의 5축 멀티믹서기로 한 번에 40개의 셰이크를 만들어 팔고 있었다.

"사막지역의 작은 소도시에서 어떻게 이런 일이 일어날 수 있지?"

레이 크록은 의문을 가득 안고 맥도날드 형제의 가게를 방문했다. 말 그대로 문전성시였다. 지금까지 보지 못했던 놀라운 방식으로 운영되는 햄버거 가게였다.

그날 저녁 숙소로 돌아온 레이 크록은 자신이 본 것에 대해 깊은 생각에 잠겼다. 전국의 주요 교차로마다 맥도날드 레스토랑이 들어선 환영幻影이 보였다. 그 식당들마다 자신이 파는 기계가 8대씩 동시에 돌아간다면 순식간에 부자가 될 수 있겠다는 생각이 들었다.

맥도날드 형제 대신 억만장자가 된 레이 크록

다음 날 오후 맥도날드 형제를 찾아간 그는 전국 각지에 이와 똑같은 매장을 열자고 제안했으나 그들은 현재의 생활에 충분히 만족하고 있다며 그 제안을 거절했다. 끈질기게 그들을 설득한 끝에 레이 크록은

레이 크록의 맥도날드 1호 매장

맥도날드의 프랜차이즈 영업권을 갖는 대신 가맹점주들에게 매출액의 1.9%를 받아 그중 0.5%를 맥도날드 형제에게 주기로 합의했다.

레이 크록은 1954년 만 52세의 나이로 맥도날드 프랜차이즈 사업을 시작했다. 초창기의 힘든 시행착오를 극복하고 사업이 정상궤도에 올라서자 돈이 쌓이기 시작했다. 1961년 레이 크록은 270만 달러를 주고 맥도날드 형제로부터 모든 권리를 사들였다.

사업은 날로 번창해 1984년 그가 세상을 떠날 즈음에는 100여 개의 국가에서 모두 7500여 개의 매장이 운영되었고 연간 매출액이 80억 달러를 넘어섰다.

사업모델의 관점에서 볼 때 프랜차이즈는 복제의 개념이 적용된 사례라고 할 수 있으며 이러한 '복제형 비즈니스'의 대표 주자가 바로 맥도날드이다.

　조금만 관심을 갖고 우리 주변을 둘러보면 수많은 프랜차이즈 브랜드들을 볼 수 있다. 우리나라에서도 자수성가한 창업자들의 상당수가 복제 가능한 비즈니스를 통해 큰 부자가 된 것을 알 수 있다.

문제점을 해결책으로 이용하는 복제

불 끄기 위해 불을 낸다

집이나 사무실에 화재가 발생하면 어떤 조치를 취할까? 우선 가까운 곳에 있는 소화기로 불을 끄려고 시도할 것이다. 그것이 어렵다면 소방차를 동원해 물대포를 쏴야 할지도 모른다. 그렇다며 대형 유전에 화재가 발생하면 어떤 방법으로 진화를 할까?

놀랍게도 불을 끄기 위한 가장 확실한 방법은 더 큰불을 내는 것이다. 불이 붙으려면 산소가 필요한데 화재 장소 가까이에 폭발물을 터뜨려 큰불을 일으키면 공기 중에 있던 산소가 순간적으로 소진되어 더 이상 불이 번지지 않고 꺼진다.

여기서 창의적인 문제해결 방법의 원리를 하나 발견할 수 있는데 바로 문제를 해결하기 위해 문제를 이용하는 것이다. 말하자면 열로써

열을 다스리는, 이열치열以熱治熱 또는 오랑캐를 이용해서 다른 오랑캐를 제압하는, 이이제이以夷制夷 방식의 해결책인 셈이다.

폭탄으로 숨은 폭탄 제거

로봇의 예를 보자. 전통적으로 로봇 강국은 일본이다. 혼다의 휴머노이드 로봇 아시모ASIMO, 소니의 로봇 강아지 아이보AIBO 등은 일본의 로봇 기술력을 전 세계에 알렸다.

2011년 후쿠시마 원전 사고 때 고농도 방사선에 오염된 잔해를 수거하기 위해 투입된 로봇은 일제가 아니라 미국 아이로봇iRobot 사의 '팩봇PackBot'과 '워리어Warrior'였다. 왜 일제 로봇은 투입될 수 없었을까?

혼다의 휴머노이드 로봇 '아시모'

아이로봇의 창업자이자 CEO인 콜린 앵글Colin Angle은 다음과 같이 말했다[1].

일본 대기업은 자신의 기술과 자본을 과시하기 위해 마스코트와 같은 로봇만 만들었다. 벤처에서 출발한 우리는 먹고살기 위해 실용 로봇에 주력했다. 한마디로 돈이 없었다. 그래서 '인간과 같은' 로봇이 아니라 '인간을 위한' 로봇을 만들었다.

아이로봇 사가 군사용 로봇으로 개발한 '워리어Warrior 710'은 대인지뢰 제거에도 이용된다. 원격으로 조종되는 이 로봇을 지뢰 매설이 의심되는 지역으로 이동시킨 후, 소형 폭발물이 줄줄이 매달린 줄폭탄을 발사하면 이것이 땅에 닿아 폭발할 때의 충격으로 적군이 묻어 놓은 대인지뢰도 함께 폭발한다. '폭탄의 제거를 위해 폭탄을 이용'하는 이 방

아이로봇 워리어 710

백지장도 맞들면 낫다

식은 지뢰탐지기를 이용하여 조심스레 지뢰를 찾아서 하나씩 제거하는 종래의 방식과는 비교할 수 없을 정도로 큰 효력을 발휘한다.

블랙 해커 잡는 화이트 해커

정보기기의 사용이 보편화되면서 사이버 보안이 매우 중요한 문제로 부상하고 있다. 외부에서 침투하는 해커로부터 사이버 보안을 강화하기 위해 기업이나 공공기관들이 주로 사용하는 방법은 해커를 양성하는 것이다.

외부에서 침투하는 해커를 블랙 해커라고 부르고 이러한 블랙 해커를 막아내기 위해 고용하는 해커를 화이트 해커라고 한다. '해커 잡는 해커'도 문제점을 해결책으로 활용하는 대표적 사례다.

군대나 민간기업 등에서 운영하는 '레드팀red team'도 이와 유사하다. 조직 내부의 독립적 그룹인 이들은 적군이나 경쟁사의 입장에서 조직이 특별히 관심을 갖는 특정 업무에 도전하는 역할을 맡고 있다. 이러한 팀의 운영 목적은 조직이 수행하는 특정 업무에 대한 취약점을 사전에 찾아내고 이를 개선의 기회로 활용하려는 것이다. 레드팀의 예로는 실전에 대비하기 위한 워게임war game에서 적군의 역할을 수행하는 팀, 신제품 출시 전에 마지막 점검을 위해 신제품의 성공을 방해하는 경쟁사의 역할을 가상적으로 수행하는 팀 등이 있다.

지금까지 복제를 통해 다양한 효용과 가치를 창출하는 사례들을 유형별로 나누어 살펴보았다. 통상적으로 복제라고 하면 무언가 베끼는 것을 연상하지만 현명한 복제는 창의적 발상의 중요한 통로 중 하나인 것이다.

문화예술에 내재된 복제 코드

복제 기법으로 팝아트를 창조하다

팝아트Pop art의 'Pop'은 'popular(대중적)'의 줄임말이다. '저급한 문화'로 여겨졌던 만화와 상업 포스터, 대량생산·대량소비 시대의 산물인 콜라 병과 통조림 깡통 등은 팝아트의 주된 작품 소재였다. 이것은 예술이 일상생활과 거리가 있는 무언가 '고상한 것'이라는 고정관념에 대한 '역전도발'이었다.

앤디 워홀Andy Warhol은 '팝의 교황Pope of Pop'이라고 불렸던 팝아트의 선구자였다. 그는 상업 포스터 제작에 사용되던 실크스크린 기법을 사용하여 코카콜라 병이나 통조림 캠벨 수프 등의 이미지를 인쇄했다. 공판화孔版畵 기법 중 하나인 실크스크린을 이용하면 단시간에 여러 장의 작품을 찍어낼 수 있다. 워홀은 실크스크린 기법을 사용하여 한 가지

앤디 워홀의 '마릴린 먼로'

그림에 여러 색을 입혀 다양한 느낌의 작품을 만들었다. 아마도 그는 예술의 세계에서 복제의 개념을 의도적으로 도입한 최초의 작가였을 것이다.

실크스크린을 이용한 앤디 워홀의 제작 방식은 미술의 개념에 근본적 변화를 가져왔다. 미술은 화가의 특별한 독창성을 기반으로 해야 한다는 종래의 인식을 깨뜨리고 어떤 방식이든 간에 미술가들은 자신이 원하는 방식으로 자유롭게 작품을 만들 수 있게 된 것이다[2]. 워홀은 작품 제작과정까지 대부분을 조수들에게 맡겼다.

그는 가난한 유년 시절을 보냈기 때문에 '돈'과 '명성'에 대한 욕심이 컸다고 한다. 워홀의 대표작 중 하나인 '달러 사인Dollar Sign'은 돈에 대한 그의 관심을 보여준다. 돈뿐만 아니라 명성에도 욕심이 컸던 워홀은 그 자신이 '스타'가 되고 싶어 했다[3]. 그러한 연유인지 워홀은 대중 스타를 소재로 한 작품을 많이 제작했다. '마릴린 먼로', '마이클 잭슨',

백지장도 맞들면 낫다

'제인 폰다', '엘리자베스 테일러', '엘비스 프레슬리', '잉그리드 버그만' 등이 대표적이다.

"돈 버는 것이 예술이고, 일 하는 것도 예술이며, 좋은 사업은 최고의 예술이다"고 말한 바 있는 워홀은 생전에 큰 부자가 되었다. 전기 작가 리처드 폴스키Richard Polsky는 워홀이 작품을 복제하여 돈 버는 방법을 다음과 같이 설명했다.

> 그는 항상 초상화 작품 4장을 하나의 세트로 만들었다. 작품이 준비되면 부자 남편과 그의 아내에게 전화했다. 스튜디오에 온 그들은 4장의 작품이 다 좋기 때문에 어떤 걸 골라야 할지 결정하지 못했다. 그러면 워홀은 그들에게 "1장을 구입하면 2만 5000 달러이지만 4장을 전부 구입하면 4만 달러에 주겠다"라고 이야기 했다. 그러면 사람들은 보통 4장을 모두 구매했기 때문에 큰돈을 벌었다. 그는 매주 이런 일을 했고 초상화만 갖고도 1년에 200만 달러를 벌었다.

작은 아이돌로 그린 큰 아이돌

김동유 화가는 인물을 복제해서 다른 인물을 그리는 작가로서 독보적 명성을 얻고 있다. '마릴린 먼로 vs 존 F. 케네디'라는 작품은 케네디 대통령의 얼굴을 이용해서 마릴린 먼로의 초상화를 그린 것이다. 이 작

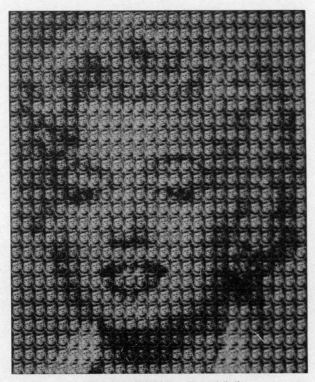

김동유의 '마릴린 먼로 vs 존 F. 케네디'

가의 작품이 많은 이들의 사랑을 받는 이유는 대중들이 열광하는 아이돌을 복제하여 그와 상반되는 다른 아이돌을 그리기 때문이다.

　　김동유의 작품 '마릴린 먼로 vs 존 F. 케네디'를 예로 보면 마릴린 먼로는 은막의 여왕이었으며 케네디는 권부의 왕이었다. 거기서 더 나아가, 이 두 사람 사이에 시쳇말로 '섬씽something'이 있었다는 것은 공공연한 비밀이다.

백지장도 맞들면 낫다

2012년 영국 국립초상화미술관National Portrait Gallery에서 개최된 '엘리자베스 여왕 즉위 60주년 기념전'에 아시아 작가의 작품으로는 유일하게 김동유의 '엘리자베스 vs. 다이애나'가 전시되었다. 이 작품은 고故 다이애나 왕세자빈의 작은 얼굴 그림 1106개를 복제해서 엘리자베스 여왕의 인물로 만든 것이다. 여왕과 왕세자빈은 영국에서 가장 유명한 인물이면서도 두 사람은 애증이 교차하는 고부 관계였다.

누가 참나眞我인가?

예술사적으로 볼 때 우리나라 작가 중 국제적으로 가장 높은 평가를 받은 사람은 아마도 백남준일 것이다. 그는 캔버스가 브라운관으로 대체될 것을 예견하고 '비디오 아트Video Art'라는 분야를 개척했다. 비디오라는 매체가 중요한 이유는 기술의 발달에 따라 새로 등장한 표현 매체라는 점이다. 이를 이용해 백남준은 신기술이 어떻게 예술에 접목될 수 있는가를 보여주었다.

과천 국립현대미술관 중앙 홀에는 백남준의 작품인 '다다익선The more, the better'이라는 거대한 비디오 탑이 있다. 1988년 서울 올림픽 개막을 기념해서 만든 이 작품은 우리나라 전통 3층 석탑의 이미지를 살린 것이다. 이 비디오 탑에는 모두 1003개의 모니터가 설치되어 있는데, 이것은 개천절인 10월 3일을 상징한다. 여기에는 하늘이 열린 개천절처

백남준의 'TV 부처'

럼 서울 올림픽이 우리나라의 새로운 미래를 열어 주길 바라는 염원이
들어 있다.

　백남준 비디오예술의 백미로 꼽히는 작품 가운데 예술성이나 미학
적 근거에서 늘 빠지지 않고 거론되는 작품이 'TV 부처'다[4]. 부처가 텔
레비전 앞에 앉아 TV에 나타난 자신의 복제된 모습을 물끄러미 바라보
는 단순하면서도 미묘한 작품이다.

　다른 작품들과는 달리 이 작품에는 백남준 특유의 현란하고 율동
적인 화면이나 음악은 없으며 정적 분위기만 감돈다. 어두운 조명 아래
TV와 조용히 마주 앉은 불상이 주는 적막한 분위기는 불상이 미술관이
아니라 고즈넉한 산사에 봉안되어 있는 듯한 느낌을 준다.

백지장도 맞들면 낫다

이 작품을 보고 있으면 "실제 불상과 TV 속의 불상 중 어느 것이 붓다의 참모습인가"라는 화두가 생기게 마련이다[5].

또한 "실제 자기 자신과 다른 사람들에게 비춰진 자신의 모습 중 어느 것이 '진짜 나眞我'인가"라는 생각을 불러일으킨다.

3 카멜레온처럼
변신하기

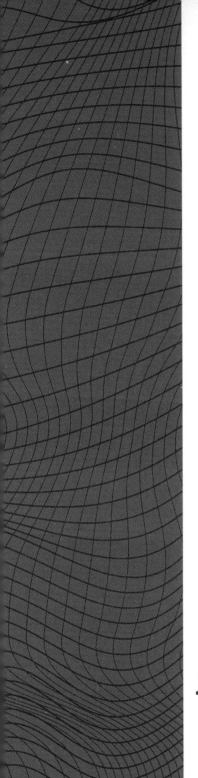

속성 변경
Attribute change

피노키오는 왜 동화의 상징이 되었나

전 세계 300여 개 언어로 번역된 동화

이탈리아 피렌체 출신의 작가 카를로 로렌치니Carlo Lorenzini가 1883년 출간한 어린이 동화 '피노키오의 모험'은 지금까지 300여 개의 언어로 번역되었는데 성서와 같은 종교 경전을 제외하면 가장 많은 언어로 번역된 책 가운데 하나다.

저자 사후 50년이 지난 1940년에 저작권이 소멸되었기 때문에 공식적인 도서 판매량은 알 수 없지만 지금까지 출판된 도서 중 최고의 베스트셀러 중 하나임에는 이론의 여지가 없다.

목각 인형 피노키오가 벌이는 짓궂은 모험과 시련을 담고 있는 이 동화가 이렇게 유명해진 데에는 "거짓말하면 코가 길어진다"는 재미있는 설정이 가장 크게 기여했다. 이처럼 외부 조건에 따라 시스템 내

'피노키오의 모험' 초판에 게재된 삽화

부 속성을 바꾸는 것이 창의력을 높이는 세 번째 발상코드인 '속성변경 attribute change'이다.

변색렌즈는 속성변경이 적용된 대표적 예다. 자외선이 포함된 태양 광에 노출되면 렌즈 색이 짙어지지만 실내로 들어오면 렌즈의 색이 빠 진다. 이것은 자외선이라는 외부 조건에 따라 렌즈 색이라는 내부 속성 이 변하는 것이다.

외부 조건에 따른 속성변경

성병 균 만나면 색이 변하는 콘돔

우리는 무심코 지나치지만 일상생활에서 외부 조건에 따라 내부 속성이 변하는 경우를 많이 경험하고 있다. 문을 열면 실내등이 켜지는 냉장고, 물이 끓으면 소리 나는 주전자, 사람이 올라타면 움직이는 에스컬레이터가 모두 여기에 속한다. 이처럼 조건에 따른 속성변경은 많은 효용을 창출한다.

세계보건기구WHO에 따르면 매일 100만 명의 사람들이 성관계 도중 성병에 걸린다고 한다. 이러한 현실을 감안하여 콘돔에 속성변경을 적용하려면 어떤 조건에서 콘돔의 어느 속성이 변하도록 할 것인지를 결정해야 한다. 영국의 10대 청소년들의 과학 경시대회인 틴테크 TeenTech의 2015년도 수상작 중 가장 관심을 끈 것이 바로 콘돔에 속성

스마트 콘돔 '에스티아이'

변경을 적용한 것이다.

10대 초반의 청소년 3명이 제안한 이 콘돔의 제품명은 '에스티아이 S.T.EYE'인데, '성접촉 감염STI, Sexually Transmitted Infection을 감시하는 눈' 이라는 의미를 담은 것이다. 성병 균이 감지되면 콘돔 고무에 함유된 분 자의 색깔이 균의 종류에 따라 변한다. 클라디미아의 경우 녹색, 헤르페 스에는 노란색, 매독에는 파란색 등으로 색깔이 변한다. 이 콘돔은 착용 자와 파트너 양쪽의 성병을 모두 감지할 수 있다.

외부 조건에 따라 내부 속성이 변하는 속성변경이 적용될 때 우리 는 그러한 제품이나 시스템 앞에 '스마트'하다는 접두사를 붙인다. 성병 균의 존재에 따라 색상이 변하는 '에스티아이'는 스마트 콘돔이라고 할 수 있다.

공중에 떠다니며 독성물질 탐지하는 나노 섬유

테크니온공과대는 이스라엘의 독립 선언보다 36년 앞서 설립된 이스라엘 최초의 대학이다. 4명의 노벨상 수상자를 배출한 이 대학 설립 100주년을 맞이하여 2014년 이스라엘 우체국은 특별 우표를 발행하였다. 이 우표에는 우산을 뒤집어 놓은 것 같은 형상의 조그마한 물체가 손바닥 위에 놓여있는 사진이 들어있다. 이것은 이 대학의 바이스 D. Weihs 교수 등이 개발한 '나노 낙하산'이라는 것인데 민들레 씨앗에서 영감을 받아 개발한 것이라고 한다.

민들레 씨앗은 독특한 비행 능력 덕분에 오랫동안 공중에 떠다니며 바람을 타고 멀리 날아간다. 민들레 씨앗은 맨 아래 씨가 있고 그 위

민들레 씨앗의 비행

로 줄기가 뻗어있는 형태다. 줄기 끝에는 7~8mm 길이의 솜털들이 마치 우산살처럼 100개 정도 나 있다. 영국 에든버러대 연구진이 『네이처』에 발표한 논문에 의하면 솜털 위쪽에 압력이 낮은 공기가 모여 소용돌이가 형성되는데 이것이 아래쪽의 민들레 씨앗을 위로 끌어올리기 때문에 오랫동안 땅에 떨어지지 않고 멀리 비행할 수 있다고 한다.[1]

　　민들레 씨앗에서 영감을 얻어 개발한 나노 낙하산은 공기 중의 독성 화학물질 탐지에 사용된다. 유독성 물질을 사용하고 있는 산업설비가 고장 나거나 테러리스트가 독성 화학물질을 살포한다고 의심이 갈 경우 수천 개의 나노 낙하산들을 투하한다. 육안으로는 잘 보이지 않는 머리카락보다 가는 나노 섬유 가닥들이 독성물질을 만나면 색깔이 바뀐다. 독성물질의 종류에 따라 나노 섬유들이 달리 변색하기 때문에 독성물질의 존재와 종류 및 이동 상황을 눈으로 쉽게 확인할 수 있다. 이 혁신적인 발명품에도 독성물질의 존재라는 외부 조건에 따라 색상이 변하는 속성변경이 적용된 것이다.

과속하면 살짝 내려앉는 길바닥

　　교통사고를 방지하기 위해 학교 앞이나 주택가 도로에 있는 과속방지턱에 속성변경을 적용한 매우 영리한 사례가 있다. 과속방지용 둔덕에서 속도를 줄이지 않으면 차량의 현가장치에 무리가 가기 때문에 이를 알고도 달리는 운전자는 드물다. 그래서 과속방지턱을 '잠자는 경찰'이라고 높이 평가한 사람도 있다. 그러나 과속방지턱 앞에서 갑자기 속도를 줄이면 배기가스가 증가해 대기의 질을 악화시킬 뿐 아니라 제한속도를 지키는 운전자에게도 불편을 준다.

과속방지턱은 지나는 차량이 속도를 위반하든 아니든 항상 같은 상태로 있기 때문에 문제다. 주행차량의 속도에 따라 과속방지턱의 모양이 변하는 스마트한 시스템으로 개량할 수는 없을까?

스웨덴의 교통기술 개발업체 에데바Edeva는 속성변경을 적용하여 이 문제를 해결했다. 에데바가 개발한 '액티범프Actibump'는 배수로 덮개 모양의 구조물이다. 차량이 전방 15~20m 정도 가까이 오면 주행속도를 측정하고, 측정치가 제한속도를 넘을 경우 차량에 충격이 가해지도록 액티범프의 앞부분이 아래로 내려간다. 그러나 제한속도 이내이면 그대로 있으므로 차량에 아무런 영향이 없다. 이를 설치하기 전 과속 차

액티범프

량 비율이 80%였으나 설치 후 10% 이하로 내려갔다고 한다.[21] 게다가 환경문제에까지 기여하고 있다니 얼마나 현명한 시스템인가.

주차공간 여유에 따라 달라지는 주차요금

만성적인 주차난에 시달리던 미국 샌프란시스코시는 SF파크SF Park 라는 탄력 주차 요금제를 도입했다. 도심 블록별로 할당된 주차 공간이 차면 여유 공간이 생길 때까지 시간당 주차 요금이 점진적으로 올라가고, 이와 반대로 주차 공간이 많이 남게 되면 주차 요금도 내려가는 방식이다.

SF파크 활용을 위한 스마트폰 앱

스마트폰 앱을 통해 구역별로 주차 가능한 위치와 주차 요금을 실시간으로 공개하고 있기 때문에 도심에 나갈 일이 있는 운전자들은 집을 나서기 전에 차를 가지고 갈지 아니면 대중교통을 이용할지 쉽게 결정할 수 있다.

이러한 탄력 요금제가 주차요금 정도는 신경 쓰지 않는 부유한 사람들에게 유리한 제도라는 비판이 있을 수 있다. 행정은 효율성 못지않게 공공성도 중요하기 때문이다. 이런 경우를 감안하면 소득수준을 조건으로 하는 속성변경을 고려할 수도 있다. 소득수준에 따라 주차요금이나 교통 범칙금 등을 차등화하는 것이다. 이처럼 속성변경은 다양한 방법으로 스마트하게 활용될 수 있다.

머무르는 시간에 따라 돈을 받는 카페

속성변경을 설명하기 위해 앞서 예로 든 사례들은 외부 조건에 따라 내부 속성이 변하는 것이지만 속성변경의 범위는 이보다 훨씬 넓다. 외부 조건과 내부 속성의 관계를 맺어주는 것뿐 아니라 역으로 기존에 존재하던 관계를 없애는 것, 관계를 맺어주는 조건을 다른 요소로 바꾸는 것도 모두 속성변경에 속한다.

뷔페식당은 가격정책에 속성변경이 적용된 대표적 예다. 일반 음식점에서는 먹는 음식의 종류와 양에 따라 지불해야 할 금액이 변하지만 뷔페식당은 이러한 관계를 없앤 것이므로 속성변경이 일어난 것이다.

다른 예로 유럽에서 확산되고 있는 '안티카페Anti-Cafe'를 보자. 여기서는 음료나 스낵의 구입비를 지불하는 것이 아니라 머무는 시간에 비례해서 돈을 낸다.

세계 최초의 안티카페는 러시아의 문학청년이었던 이반 미틴Ivan Meetin이 2011년 모스크바에 개점한 '치페르블라트Ziferblat'다. 매장에서 음료와 다과 등을 제공했지만 따로 돈을 받지 않았다. 그 대신 매장에 머무르는 시간 기준으로 1분당 일정한 요금을 받았다. 고객이 먹고 마시는 식음료와 가격의 관계를 고객의 매장 체류시간과 가격의 관계로 바꾼 것이다.

모스크바의 치페르블라트 매장이 인기를 끌자 상트페테르부르크

모스크바의 치페르블라트 1호 매장

카멜레온처럼 변신하기

와 영국 런던, 맨체스터 등으로 매장을 확대하였다. 치페르블라트의 상업적 성공이 알려지면서 유럽 주요 도시에 다양한 브랜드의 안티카페가 등장하였다.

신문산업의 딜레마를 해결한 가격정책

비즈니스 수익모델의 설계에도 조건에 따른 속성변경이 많이 활용된다. 신문산업의 예를 보자. 많은 사람들은 신문산업의 미래를 어둡게 보고 있다. 온라인으로 필요한 뉴스와 정보를 언제든 접할 수 있는데 굳이 돈 내고 종이신문을 구독하는 사람이 얼마나 남겠냐는 것이다. 유일한 대책이라면 온라인 신문에 대한 구독료를 받는 것인데 그렇게 할 경우 접속자 수가 줄어드는 것이 문제다.

온라인이나 오프라인이나 신문사의 주된 수입원은 광고료다. 온라인을 유료화하면 접속자가 줄어들고 이에 따라 광고 단가도 내려가는 것이 문제다. 이러한 딜레마에도 불구하고 2011년 뉴욕타임스가 도입한 온라인 유료화 정책은 성공적으로 뿌리내리고 있다.

뉴욕타임스는 온라인 유료화를 통한 구독료 증대에 수반되는 접속자 이탈로 인한 광고료 감소라는 딜레마를 어떻게 극복했을까?

사실 신문 구독자는 두 그룹으로 나눌 수 있다. 한 그룹은 단순히 세상이 어떻게 돌아가는가 하는 호기심에서 신문을 보는 사람들이고,

뉴욕타임스의 '페이월' 광고

다른 그룹은 새로운 지식이나 정보를 습득하려는 이들이다.

신문이 좋은 이유는 두 가지다. 하나는 말 그대로 새 소식[news]이고 다른 하나는 전문 도서와는 달리 신문에서는 정치, 사회, 경제, 경영, 인문, 기술, 예술, 스포츠 등 폭넓은 분야를 다루고 있다는 것이다. 따라서 온라인 구독료를 부과하면 단순한 호기심 때문에 접속하던 사람들은 다른 사이트로 옮겨가겠지만 정보나 지식을 얻으려는 사람들은 그대로 남을 것이다.

이러한 사실에 착안한 뉴욕타임스는 '페이월[Paywal]'이라는 가격정책을 도입하였다. 매월 20개의 기사까지는 무료로 볼 수 있지만 그 이상 보려면 구독료를 내라는 것이다. 단순한 호기심 때문에 사이트를 찾는 고객들을 묶어 두기 위해 무료 기사를 제공하고, 전체 고객의 15% 정도로 추정되는 열독자들을 대상으로 실질적인 유료화를 시행함으로써 이 문제를 해결했다. 이러한 가격정책 덕분에 2012년 뉴욕타임스 역사상 처음으로 구독료 수입이 광고료 수입을 추월했다. 또한 2018년 4분기에는 디지털 광고 수입이 지면 광고 수입을 넘어섰다.

20개의 기사까지는 무료free, 그 이상을 보려면 할증금premium을 요구하는 뉴욕타임스의 프리미엄Freemium, Free+Premium 전략은 구독 기사의 수를 조건으로 하는 속성변경을 적용한 것이다.

많은 사람들의 심금을 울린 지하철 광고

지하철 승강장에 있는 샴푸 광고판을 생각해 보자. 일반적으로 샴푸 광고를 보면 젊은 여성 모델이 윤기 있는 긴 머리카락을 뽐내는 사진이 들어 있다. 그런데 이러한 광고를 좀더 '스마트'하게 할 수는 없을까?

앞서 언급한 바와 같이 상품이나 시스템이 스마트해지려면 속성변경이 적용되어야 한다. 이를테면 (전동차의 승강장 진입을 외부 조건으로 보면) 승강장으로 전동차가 들어오는 순간 광고판 속 모델의 긴 머리카락이 마치 바람에 나부끼듯 너울거리면 된다.

스웨덴 소아암재단은 이러한 속성의존을 매우 현명하게 적용한 공익광고를 만들었다. 전동차가 승강장으로 진입하면 광고판 속에 있는 청순한 소녀 모델의 긴 머리카락이 바람에 나부끼기 시작한다.

그 후 10여 초가 지나면 나부끼던 가발 머리카락이 바람에 날아가

스웨덴 소아암재단의 공익광고 – 전동차가 진입할 때

스웨덴 소아암재단의 공익광고 – 전동차 진입 10초 경과 후

면서 항암치료로 머리카락이 다 빠진 앳된 14세 소녀의 민머리가 드러
난다. 그리고는 매일 한 명의 어린이가 암 진단을 받는다는 문구가 나오
면서 기부를 권유한다.

카멜레온처럼 변신하기

경과 시간에 따른 속성변경

비바람이 드러낸 등대의 주인공

알렉산더 대왕은 이집트를 정복한 후 지중해와 맞닿은 나일강 삼각주에 자신의 이름을 따 알렉산드리아라는 도시를 건설했다. 이 도시 외곽에 파로스라는 작은 섬이 있었는데 이 섬에 세운 등대가 일명 파로스 등대라고도 불리는 알렉산드리아 등대다.

이 등대는 알렉산더 대왕 휘하의 장군이었던 포톨레마이오스가 건축을 시작했고 그의 아들이 완공했다. 기원전 3세기에 세워진 이 등대의 높이는 110미터가 넘었는데 당시 인간이 만든 구조물 중 이 등대보다 더 높았던 것은 기자Giza의 피라미드밖에 없었다고 한다.

이 등대는 이후 건축된 모든 등대의 원형이 되었으나 14세기 초에 발생한 연이은 대지진으로 인해 완전히 무너졌다.

알렉산드리아 등대

등대의 건축가는 당대에 명성이 높던 소스트라투스Sostratus였는데
그는 자신의 이름을 후세에 알리고 싶어 했다. 그러나 등대에는 위대한
왕의 업적을 찬양하는 글만 새겨야 했다. 만약 자신의 이름을 어딘가 끼
워 넣었다가는 목숨이 날아갈지도 모르는 일이었다. 후세에 이름을 남
기자니 목숨을 내놓아야 하고, 목숨을 지키자니 이렇게 훌륭한 건축물
을 자신이 세웠다는 것을 후대에 알릴 수 없었다.

이러한 상황은 얼핏 보기에 명성과 목숨 중 어느 하나를 선택해야
하는 문제 같지만 사실은 그렇지 않다. 목숨을 지키는 것은 현재의 일이
지만 이름은 후대에 남으면 된다.

소스트라투스는 이를 현명하게 이용했다. 등대의 초석에 자기 이
름을 크게 새긴 후 그 위에 회반죽으로 덮었다. 물론 회반죽 위에는 위

카멜레온처럼 변신하기

대한 왕의 업적을 칭송하는 글을 썼다. 세월이 지나 왕도 건축가도 모두 땅속에 묻혔지만 오랜 기간 지속된 풍화 작용에 의해 왕을 칭송하는 글들이 떨어져 나가자 소스트라투스의 이름이 드러났다.

고대 7대 불가사의 중 하나인 알렉산드리아 등대는 경과 시간에 따른 속성변경의 재미있는 사례다.

조금만 더 늦게 배달되길 기대하는 고객

"30분 내에 배달되지 않으면 요금을 받지 않습니다."

한때 업계에 화제를 모았던 도미노피자 30분 배달 보증 제도의 홍보 문구다. 이 문구를 도식적으로 나타나면 아래 그림과 같다.

보통은 그림의 왼쪽과 같이 피자의 가격이 배달시간과 관계없이 일정하지만 30분 배달 보증제 하에서는 그림의 오른쪽과 같이 30분이 지

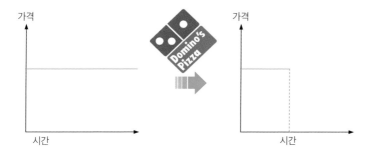

도미노피자의 30분 배달 보증

나면 가격이 무료로 떨어진다. 따라서 고객 입장에서는 빨리 배달되면 신속한 서비스라서 좋고 늦게 배달되면 공짜로 먹을 수 있어서 좋다.

배달이 늦어질 경우 고객들은 내심 좀 더 늦어졌으면 하는 기대를 갖게 되므로 오히려 기다리는 시간을 즐기기까지 한다. 지금은 배달원들의 안전사고 때문에 이 제도가 폐지됐지만 마케팅 관점에서 보면 시간에 따른 속성변경을 매우 영리하게 적용한 것이다.

10초 내에 사라지는 사진

요즘 사람들은 페이스북이나 트위터 같은 소셜 미디어를 많이 이용한다. SNS가 사람들 사이의 유대를 확장하고 강화하는데 기여하지만 문제는 프라이버시가 보장되지 않는다는 것이다. 연인과 은밀한 사진을 공유했는데 그게 온라인 공간 어딘가에 남아 있으면 언제 누구한테 드러나서 얼굴 붉힐 일이 생길지 모른다. 시간에 따른 속성변경을 이용해 이러한 문제를 해결한 것이 '스냅챗Snapchat'이다.

스냅챗은 2011년 당시 스탠퍼드대 학생 3명이 개발한 사진 및 동영상 전송 앱이다. 이 앱을 이용하면 사진이나 동영상을 촬영하고 이를 제한된 범위의 사람들에게 바로 전송할 수 있다. 이때 전송하는 사진이나 동영상을 스냅snaps이라고 하는데, 수신자들이 이를 볼 수 있는 시간을 10초 이내에서 1초 단위로 미리 설정해 둘 수 있다. 이 시간이 지나면 전송된 것들이 수신자의 기기에서 모두 사라진다. 소셜 미디어의 과도한 사생활 노출에 염증이 난 사람들, 특히 10대와 20대 초반의 이용자들에게 인기를 끌면서 이제는 하루에 7억 개 이상의 사진과 동영상이 공유되는 소셜 커뮤니케이션 플랫폼으로 성장했다.

2015년 미국의 경제전문지 『포브스』의 조사에 의하면 스냅챗은 유니콘(기업가치 10억 달러 이상의 신생기업) 중 직원 1인당 가치가 가장 높은 곳으로 나타났으며, 25세의 청년 CEO 에반 스피겔은 미국 400대 부자에 포함되었다.

스냅챗이 앞서 설명한 도미노 피자의 30분 배달 보증제와 매우 유사하다는 것은 쉽게 짐작할 수 있다. 도미노피자의 30분 배달 보증 그림의 오른쪽 이미지에서 세로축을 사진이나 동영상의 노출 유무로 두면 스냅챗의 서비스 특성이 된다.

문화예술에 내재된 속성변경 코드

과일과 야채로 그린 황제의 초상화

합스부르크 왕가의 궁중화가였던 주세페 아르침볼도Giuseppe Arcimboldo는 이중그림의 창시자다. 그는 과일이나 꽃, 동물 등을 이용한 독특한 인물화를 많이 남겼다.

아르침볼도의 작품 중 많이 알려진 베르툼누스Vertumnus는 다음과 같이 구성되어 있다[3].

인물의 머리는 달콤한 포도와 체리, 배, 수수 다발로 풍성하게 장식했다. 이마는 둥그런 호박, 눈썹은 밀 이삭, 눈동자는 산딸기, 눈꺼풀은 싱그러운 완두콩이다. 뭉툭한 코는 서양 배, 두 뺨은 빨간 사과, 코 밑의 팔자수염은 싸리버섯, 구레나룻은 수수 다발, 아랫입술은 체리 두 알이다.

카멜레온처럼 변신하기

주세페 아르침볼도의 '베르툼누스'

턱은 밤송이, 목은 애호박과 무, 가지, 양쪽 어깨는 양파와 대파, 가슴은
커다란 호박과 사계절 피는 아름다운 꽃들로 장식했다.

이 작품의 모델은 합스부르크 왕가의 황제였던 루돌프 2세다. 군왕
의 초상화는 영웅이나 신적 존재로 묘사하는 것이 불문율이라는 점에
비추어 볼 때 이 그림은 가히 파격적이라 할 수 있다. 베르툼누스는 로
마 신화에 나오는 과수果樹와 계절의 신이다. 따라서 이 그림은 황제의
뛰어난 통치력 덕분에 농사가 잘 되어 먹을 것이 풍성하고 태평성대를
맞이하게 되었다는 뜻을 담고 있다.

아르침볼드나 앞서 설명한 김동유 화가의 이중그림은 멀리서 보면 그림의 전체적 이미지가 보이지만 가까이서 보면 큰 그림을 구성하는 작은 이미지들이 보인다. 이처럼 보는 거리에 따라 이미지가 달리 보이는 것은 속성변경이 적용된 것이다.

바람과 소리에 따라 조명이 바뀌는 '바람의 탑'

건축계의 노벨상이라고 불리는 프리츠커 건축상Pritzker Architecture Prize을 받은 일본 출신의 세계적인 건축가 이토 도요伊東豊雄의 대표작은

이토 도요의 '바람의 탑'

카멜레온처럼 변신하기

요코하마에 있는 '바람의 탑風之塔'이다. 이 탑은 21미터 높이의 원통형 형상을 하고 있는데, 밤이 되면 바람 방향이나 소음 수준에 따라 건축물에 설치되어 있는 1300개의 등과 12개의 네온 고리 및 30개의 투광 조명등의 밝기와 색상이 변하도록 설계되어 있다. 이처럼 외부의 바람과 소음에 따라 내부 조명이 변하기 때문에 조명 패턴이 시시각각 매우 다양하게 변한다. 이것은 건축물에 속성변경이 적용된 독특한 사례다.

4

뒤집어서 판
바꾸기

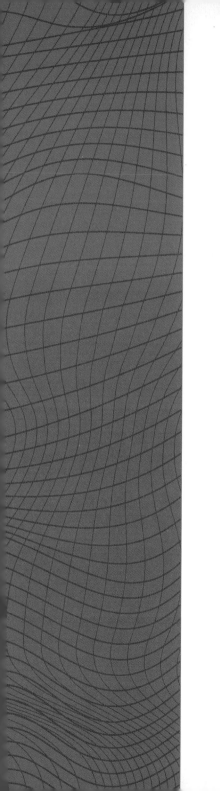

역전
Reversal

현상을 바꾸면 성공은 그림자처럼 따라온다

사막 한가운데 세운 물의 도시

"물의 도시 베니스를 네바다 사막 한가운데 재현하면 어떨까?"

세계 최대의 카지노 및 리조트 기업인 샌즈Sands 그룹의 창업자 셸던 아델슨Sheldon Adelson의 머릿속에 섬광처럼 생각이 스쳐갔다. 1991년 이탈리아 베니스로 신혼여행을 갔을 때의 일이었다. 그는 귀국하자마자 건설에 착수했다. 베네시안 리조트 카지노의 시작이었다.

2007년 라스베이거스 베네시안 리조트를 복제한 마카오 베네시안 리조트 운영을 통해 그의 사업은 한층 더 성장했다. "사막 한가운데 물의 도시 베니스를 만든다"는 역발상을 통해 그는 세계 10대 부호 중 하나가 되었다.

라스베이거스 '베네시안 리조트'

하늘 위에 배를 띄우다

샌즈그룹은 해가 지지 않는 호텔 및 카지노 제국을 건설하기 위해 2010년 6월 싱가포르에 마리나베이샌즈Marina Bay Sands호텔을 개장했다. 사람 '인人'자 모양을 한 3쌍의 건물을 기둥 삼아 200미터 높이의 허공에 거대한 배 모양의 스카이파크를 얹은 이 호텔은 문을 열자마자 싱가포르의 랜드마크가 되었다.

아델슨 회장은 바다가 아니라 "하늘 위에 배를 띄운다"는 역발상에서 한 걸음 더 나아가 이 스카이파크에 수영장을 만들었다. 57층 건물 위에 얹힌 이곳에서 수영을 하면 마치 나이아가라 폭포 위에서 수영을 하는 듯한 스릴을 즐길 수 있다.

뒤집어서 판 바꾸기

마리나베이샌즈호텔과 스카이파크 수영장

1000퍼센트 확신하는 성공의 비결

60여 년 동안 50개가 넘는 사업을 개척한 아델슨 회장은 CNN과의 인터뷰에서 성공의 기반을 묻는 질문에 다음과 같이 대답했다.

아무도 믿으려 하지 않을 것이며 누구도 시도하지 않을 줄 알지만 나는 이것 외에 다른 대답을 찾을 수 없으며 1000퍼센트 이것에 대해 확신한다. 현상the status quo에 도전해야 한다. 현상을 바꾸어야만 한다. 만약 당신이 어떤 사업에서든지 현상을 바꿀 수만 있다면 성공은 그림자처럼 따라올 것이다.

또한 많은 사람들이 실패하는 이유를 묻는 질문에 다음과 같이 대답했다.

내가 보기에 그렇게 많은 사람들이 실패하는 가장 큰 이유는 다른 사람들이 하는 방식을 그대로 답습하기 때문이다. 용기를 내어 무언가 다르게 시도해야만 한다.

현상을 바꾸기 위해 아델슨 회장 자신이 채택한 방법은 창의력을 높이는 네 번째 발상코드인 '역전reversal'이었다.

뒤집어서 판 바꾸기

위치 역전

거꾸로 세워두는 케첩

플라스틱 통에 든 케첩을 사용하다 보면 마지막 케첩이 조금 남았을 때가 늘 문제다. 통에 달라붙은 케첩이 잘 나오지 않아 흔들거나 쥐어짜야 하는 경우가 많다.

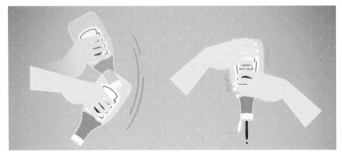

마지막 남은 케첩이 잘 나오지 않는 케첩 용기

이러한 불편을 없애기 위해 2002년 하인즈 사는 거꾸로 세워두는 용기를 개발했다. 케첩이나 머스터드 등을 담는 용기를 거꾸로 세워서 보관할 수 있도록 한 것은 회사 설립 133년 만에 처음 있는 일이었다. 출시하자마자 시장은 확실한 반응을 보였다. 출시 첫해 전체 케첩 시장이 2% 성장하는데 그쳤지만 하인즈의 케첩 매출액은 6%나 증가했다.

기존의 사고나 관행을 뒤집는 역전 사고의 대표적 유형 중 하나가 바로 물리적 위치를 반대로 하는 '위치 역전'이다.

공중에 매달려 땅을 향해 자라는 꽃

하인즈의 소스 용기처럼 방향을 거꾸로 뒤집은 또 다른 사례로 '스카이 플랜터Sky Planter'가 있다. 뉴질랜드의 패트릭 모리스Patric Morris가 디자인한 이 제품은 화분을 공중에 거꾸로 매달 수 있도록 한 것이다.

이 디자인의 핵심은 화분을 거꾸로 뒤집었을 때 식물이 바닥으로 떨어지는 것을 방지하기 위한 잠금 디스크와 수분이 천천히 흙속으로 스며들 수 있도록 하는 물 저장고이다.

좁은 실내에서는 마땅히 화분을 둘 만한 공간을 찾기가 어렵지만 화분을 공중에 매달면 이러한 공간 문제가 해결된다. 공간의 효과적 활용이라는 측면 외에도 화분을 샹들리에처럼 천정에 매달면 훌륭한 장식용 소품이 된다. 또한 화분을 거꾸로 걸면 화분 속의 물 저장고가 수분

스카이 플랜터

의 증발을 막아주기 때문에 식물에 물을 주어야 하는 횟수도 대폭 줄일
수 있다.

앞바퀴가 두 개인 세발자전거

이번에는 앞뒤를 바꾼 사례를 보자. 덴마크의 수도 코펜하겐 외곽
에 있는 크리스티아니아Christiania 마을은 1970년대 초반 주거할 집이
부족하던 시절 사용하지 않던 해군 막사를 불법 점거한 사람들이 만든

곳이지만 정부는 이곳의 주민 자치를 사회적 실험으로 보고 관용을 베풀어 왔다. 이 때문에 크리스티아니아 마을에 진보적 성향의 히피족과 예술가들이 모여들었다.

이 마을의 자치 규약 중 하나가 "자동차를 운행하지 않는다"는 것이었지만 마을 내에서 식품이나 짐을 운반해야 하는 경우가 적지 않았다. 이러한 필요에 의해 만들어진 것이 '크리스티아니아 자전거'다.

전통적인 세발자전거는 앞바퀴가 하나 뒷바퀴가 두 개인 데 반해 이 자전거는 그 반대로 앞바퀴가 둘, 뒷바퀴가 하나다. 세발자전거는 누구라도 쉽게 탈 수 있기 때문에 주부들이 장 보러 갈 때 애용되며 특히 어린 아이들을 태우고 나들이하기에 안성맞춤이다.

앞부분의 수레에 아이를 태우기 때문에 안심할 수 있으며 아이와

크리스티아니아 자전거

엄마가 정서적으로 교감할 수 있다는 것이 큰 장점이다. 이 독특한 구조의 역삼륜 자전거는 덴마크 디자인센터가 수여하는 디자인클래식상을 수상했다.

젖가슴을 드러내는 브래지어

네덜란드에서 부동산 중개인으로 일하던 라헬 드 부어는 자신이 7년 동안 간직해왔던 비밀을 몇몇 친구들에게 털어놓았다. 가슴골에 세로로 주름이 생기는 걸 막기 위해 낡은 브래지어의 양쪽 컵 사이에 양말을 넣어 꿰맨 것을 착용하고 잔다는 것이었다. 친구들은 반신반의하면서도 가슴골 주름을 없앨 수 있는 '야간용 양말 브래지어'를 갖고 싶어 했다. 그래서 그녀는 5개를 더 만들어 친구들에게도 주었다.

그것을 사용해 본 친구들은 열광적 반응을 보이며 그녀에게 부동산 중개는 걷어치우고, 양말 뭉치를 넣은 브래지어가 아니라 여성들이 침실에서 착용하고 싶어 할 만한 좀 더 섹시한 '야간용 주름 방지 브래지어'를 디자인해 보라고 권했다. 이렇게 해서 탄생한 것이 주름 방지용 브래지어인 '라 데콜레트La Decollette'인데, 젖가슴은 드러내고 가슴골을 가리는 브래지어다.

이 야간용 브래지어는 여성들이 옆으로 누워서 잘 때 양쪽 가슴이 모이지 않도록 분리시켜 주기 때문에 가슴골에 주름이 생기는 것을 방

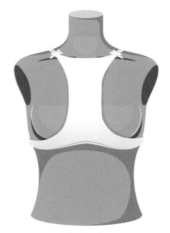

라 데콜레트

지한다. 프랑스 파리의 미용연구협회인 CERCO의 시험 결과에 의하면 이 브래지어를 착용하고 하루가 지나면 가슴골 부분의 주름이 눈에 띄게 줄어든다고 한다.

내외 역전

호텔 외벽을 오르내리는 엘리베이터

1950년대 중반 미국 캘리포니아주 남단의 항구도시 샌디에이고의 엘 코르테즈El Cortez 호텔은 엘리베이터를 하나 추가로 건설하기로 결정했다. 하지만 문제는 공간이었다.

건축 전문가와 기술자들이 호텔 로비에서 만나 이 문제를 논의했지만 쉽게 결론이 나지 않았다. 엘리베이터를 설치할 추가 공간을 확보하기 위해서는 실내 일부를 잘라내야 하는데, 공사 기간도 많이 걸릴 뿐 아니라 소음과 분진 등으로 인해 고객들에게 큰 불편을 끼치는 것이 문제였다.

마침 로비를 지나가던 호텔 경비원이 이들의 이야기를 듣고 한 마디 툭하고 던졌다.

샌디에이고 엘 코르테즈 호텔(왼쪽은 외부 엘리베이터 설치 당시, 오른쪽은 현재 모습)

"엘리베이터를 건물 외부에 설치하면 되지 않나요?"

그때까지 어느 전문가도 그런 생각을 하지 못했을 뿐 아니라 건물 외벽에 엘리베이터를 설치한 것을 보지 못했다. 1956년 이 호텔은 세계 최초로 건물 외벽에 엘리베이터를 설치했으며 이 엘리베이터를 타면 샌디에이고 시내를 한눈에 조망할 수 있다는 것 때문에 큰 화제가 됐다.

건물의 원래 모습을 복원하기 위해 지금은 외부 엘리베이터가 철거 되고 없지만 건물 내부에 두던 엘리베이터를 외부에 설치한 것은 안과 밖을 바꾼 '내외 역전'의 좋은 예이다.

배관을 모두 바깥으로 드러낸 문화의 전당

프랑스 파리에 있는 퐁피두센터는 건축에 내외 역전이 적용된 대표적 사례다. 1969년 프랑스 대통령에 당선된 조르주 퐁피두는 빈민가를 철거한 넓은 부지에 복합 문화센터를 짓기로 했다. 이를 위해 프랑스 건축 역사상 최초로 국제 공모를 실시한 결과 모두 681개의 설계안이 접수됐다. 공모 결과 당시 무명이던 이탈리아의 렌초 피아노Renzo Piano와 영국의 리처드 로저스Richard Rogers의 설계가 당선작으로 선정됐다.

이들의 아이디어는 독특했다. 다른 출품작들과 달리 대상 부지의 절반에만 건물을 짓고 나머지 절반은 광장으로 남겨두는 것이었다. 또한 건물 내부에 두던 각종 배관과 화물용 엘리베이터까지 모두 건물 바깥에 설치하고 배수관은 초록색, 공조空調용 배관은 파란색, 전기용 배관은 노란색, 에스컬레이터나 엘리베이터와 같은 운송수단은 빨간색으로 색상 부호화color coding했다. 건물 내부에 설치하던 것을 모두 바깥으로 빼냈기 때문에 내부 면적이 넓어지고 공간 활용이 자유로워졌다.

퐁피두센터Pompidou Centre가 모습을 드러내자 마치 정유소나 폐공장 같다는 비난이 쏟아지고 법정 소송까지 벌어졌다. 그러나 지금은 에펠탑이나 루브르박물관보다 오히려 방문객이 훨씬 더 많을 정도로 파리의 문화 중심이 되었다.

또한 퐁피두센터를 설계한 렌초 피아노와 리처드 로저스는 세계적으로 명성을 얻으면서 1998년과 2007년에 각각 프리츠커 건축상을 수상했다.

퐁피두센터(위 사진은 광장 방향, 아래 사진은 거리 방향 외관)

안팎이 뒤바뀐 우산

우산을 접으면 방수천의 안쪽 면이 바깥으로 나오는 '반전 우산 Inverted Umbrella'을 보자. 이 우산을 접으면 보통 우산과는 반대로 방수천의 중앙부가 아래로 먼저 내려오면서 안쪽 면이 바깥을 향하여 오목한

반전 우산

형태가 된다.

　안팎이 뒤집힌 형태로 접히면 어떤 장점이 있을까? 젖은 우산에 있는 물기를 안쪽에 가둘 수 있으므로 혼잡한 버스 등을 탈 때 다른 사람들에게 피해를 주지 않을 것이다.

　또한 우산을 벽에 기대지 않더라도 세울 수 있으며, 아무 데나 세워두기만 하면 물기가 아래로 내려와 빨리 건조될 것이다. 이러한 장점은 누구라도 쉽게 짐작할 수 있지만 이 외에도 다른 장점이 있다. 승용차나 택시 등을 탈 때 먼저 몸이 들어간 후 문을 조금만 열어 둔 상태에서 우

반전 우산의 사용

산을 접을 수 있다. 또한 내릴 때에도 문을 조금 열고 팔을 내밀어 우산을 편 후 내릴 수 있다.

속옷 같은 겉옷

1988년 팝 가수 마돈나는 프랑스의 패션 디자이너 장폴 고티에Jean-Paul Gaultier가 디자인한 가슴 부분이 뾰족한 투명 코르셋과 거들을 입고 무대에 올랐는데 이후 브리트니 스피어스와 같은 톱 가수들이 합류하면서 란제리 룩Lingerie Look은 하나의 유행이 되었다.

여성의 섹시미를 강조하기 위해 얇은 소재를 사용하여 겉옷을 속옷처럼 만든 란제리 룩은 패션에 내외 역전을 적용한 것이라 볼 수 있다.

순서 역전

셔터 먼저, 초점 나중에 맞추는 카메라

1888년 조지 이스트먼George Eastman이 개발한 롤필름 카메라는 일반 대중들이 사용할 수 있는 최초의 사진기였다. 이후 필름이 필요 없는 디지털카메라가 나오면서 사진술은 새로운 시대를 열었지만 사진을 찍는 기본적 방법은 120년이 지나도록 변함이 없었다.

촬영할 대상을 찾아 앵글을 잡은 후 강조하고 싶은 피사체에 초점을 맞추고 셔터를 누르는 것이었다. 그런데 2012년 120년 동안 변함없던 사진 촬영 순서를 바꾼 새로운 카메라가 출시됐다.

초점을 맞춘 후 사진을 찍는 기존의 방식을 뒤집어 일단 사진을 찍은 후 나중에 초점을 맞추는 방식의 카메라다. 활쏘기에 비유하면 조준을 하고 활을 쏘는 게 아니라 활을 쏘아 놓고 나중에 조준을 하는 개념

라이트로 일룸으로 찍은 후
초점과 심도를 바꾼 사진

으로 상식을 깬 획기적 발상이다. 라이트로Lytro 사의 '라이트필드Light Field 카메라'가 바로 그것이다.

초점을 사후에 조정하는 라이트필드 사진 기술은 라이트로 사의 창업자인 렌 응Ren Ng이 스탠퍼드대 박사과정 재학 당시 개발한 것이다. 이 기술은 렌즈와 이미지 센서가 특정한 피사체에 초점을 맞추는 것이 아니라 다양한 각도에서 피사체로부터 반사된 빛을 담는다. 카메라 렌즈가 향한 공간의 다양한 빛 정보를 담기 때문에 사진을 촬영한 후 필요한 부분에 초점을 맞추는 방식으로 여러 종류의 이미지를 얻을 수 있다.

2014년 라이트로 사는 2세대 라이트필드 카메라인 '라이트로 일름Lytro ILLUM'을 출시했다. 이 카메라를 이용하면 초점뿐 아니라 심도深度까지 사후에 조정할 수 있다. 따라서 사진을 촬영할 때 초점뿐 아니라 조리개를 얼마나 열어야 할지 신경 쓸 필요가 없다.

양치질 후 씹는 껌

우리나라 제과업계에서 연간 매출액 1000억 원을 돌파한 최초의 제품은 자일리톨 껌이다. '껌값이 껌값이 아니다'라는 신조어가 나올 정도로 성공한 제품이지만 사실은 한 번 실패한 제품을 되살린 것이다.

1997년 9월 롯데제과는 '자일리톨 F'를 출시했으나 시장에서 팔리지 않아 6개월 만에 철수했다. 국내법상 식품의 효능을 직접 광고할 수 없었기 때문에 자일리톨 성분이 충치로부터 치아를 보호한다는 기능을 제대로 알리지 못했다. 이러한 상태에서 300원 짜리 일반 껌에 비해 상당히 비싼 가격인 500원에 판매하였다. 기업 입장에서는 자일리톨 원료 가격이 설탕보다 13배가량 높았기 때문에 제품의 판매가를 높게 책정하였으나 소비자들은 다른 껌들과 차이가 없어 보이는 신제품을 비싼 가격에 살 이유가 없었던 것이다.

이 껌은 3년 후 알약 모양의 껌에 코팅을 한 후 약병 모양의 용기에

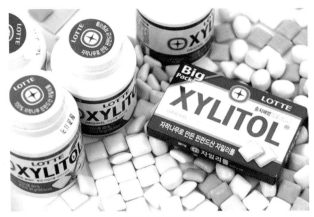

롯데 자일리톨 껌

담겨 재출시됐다. 이와 더불어 충치 예방 효능을 전달하기 위해 "양치질 하고 자일리톨 껌 씹는 거 잊지 말아라", "핀란드에서는 잠자기 전에 자일리톨 껌을 씹습니다"라는 광고 카피를 사용했다.

일반 사람들은 당분이 들어간 껌이 충치를 유발한다는 염려 때문에 특히 양치 후 또는 잠자기 전에 껌을 씹으면 안 된다는 생각을 갖고 있다. 그러나 '양치 후 씹는 껌', '잠자기 전에 씹는 껌'이라는 역발상 마케팅을 통해 대박을 터뜨린 것이다.

포인트부터 쓰고 카드 사용은 나중에

'현대카드 M'은 우리나라 카드업계에서 단일 카드로 유효회원

500만 명을 돌파한 최초의 카드다. 유효회원은 소위 '장롱카드'를 모두 포함하는 전체 고객 수와 달리 실제로 카드를 사용하는 고객을 말한다.

'현대카드 M'은 카드 대란으로 업계 전체가 큰 어려움을 겪던 2003년 5월에 출시됐는데 '선先포인트 시스템'이라는 역발상을 통해 시장에 성공적으로 진입할 수 있었다.

선포인트 시스템은 카드 사용실적에 따른 누적 포인트가 없어도 미리 상품 구매 가격을 할인받고 나중에 포인트를 적립해 상환하도록 하는 시스템으로 카드업계 최초의 시도였다.

카드 사용자의 사후 적립 포인트가 부족하여 미리 할인받은 금액을 갚지 못하면 현금으로 상환받기 때문에 이 제도의 도입으로 인해 카드사가 손해 볼 일은 전혀 없다. 따라서 선포인트 시스템은 말 그대로 조삼모사朝三暮四다. 그럼에도 불구하고 이것이 시장에서 힘을 발휘했다고 하니 사람이나 원숭이나 오십보백보라고 해야 할까?

이동 역전

러닝머신에서 수영머신으로

움직임과 관련된 것을 종래의 방식과 반대로 하는 '이동 역전'은 이동체 역전과 이동방향 역전의 두 가지 유형이 있다.

이동체 역전은 사람이 계단을 오르내리는 것이 아니라 계단이 움직이는 에스컬레이터처럼 움직이던 요소를 고정시키고 고정되었던 요소를 움직이게 만드는 것이다. 사람이 앞으로 나아가는 것이 아니라 바닥

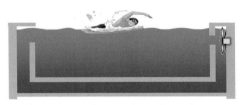

물살을 이용한 수영장

뒤집어서 판 바꾸기

수영머신 '엔들리스 풀Endless Pool'

이 뒤로 움직이는 러닝머신도 마찬가지이다.

같은 원리를 이용하면 작은 수영장에서도 오랫동안 수영을 즐길 수 있다. 수중 모터를 이용해 물살을 만들고 사용자의 능력과 요구에 따라 모터의 회전속도를 조절할 수 있도록 하면 된다.

배를 향해 다가가는 항구

2009년 당시 KAIST 서남표 총장이 추진하던 '모바일 하버Mobile Harbor' 프로젝트도 이동체 역전의 좋은 사례다. 부두에 접안하기 어려운 대형 선박이 항구 앞바다로 들어오면 마중 나가 하역할 수 있도록 만든 '움직이는 항구' 아이디어다.

그는 싱가포르를 방문했을 때 수많은 선박들이 하역을 위해 대기하고 있는 것을 보고 "왜 하역을 위해 배가 항구로 들어와야만 하는가? 이와는 반대로 항구가 배로 가지 못할 이유가 무엇인가?"라는 생각을 했는데 이것이 모바일 하버 프로젝트의 출발점이었다고 한다.

아이디어는 좋지만 걸림돌이 있었다. 움직이는 항구를 만들기 위해서는 대형 크레인을 싣고 화물선이 있는 바다로 나가야 하는데 날씨가 좋을 때는 문제가 적지만 파도가 일면 크레인을 실은 배가 중심을 잃고 전복될 우려가 있었다. 따라서 프로젝트의 핵심은 출렁거리는 바다 위에서 안정적으로 짐을 내릴 수 있는 기술 개발이었다.

당시 KAIST 연구진은 이 프로젝트가 성공하면 두 가지 난제를 해결할 수 있다고 주장했다. 하나는 항구에 화물 선박들이 한꺼번에 많이 몰리는 경우에도 부두 접안시설이 빌 때까지 화물선들이 장기간 대기할 필요가 없다는 것이다. 다른 하나는 수심이 얕아서 대형 선박이 입항할 수 없는 항구로도 화물을 보낼 수 있다는 것이다.

예를 들어 우리나라는 수도권에 산업체가 몰려 있는데도 불구하고 서해안의 수심이 얕기 때문에 선박 물동량의 대부분이 부산에서 처리되고 있는데 모바일 하버를 이용하면 이러한 비능률을 없앨 수 있다.

2011년 호주의 창업 전문 컨설팅기관인 스타트업스마트StartupSmart가 모바일 하버를 세계 10대 창업 아이디어 중 2위로 선정하기도 했지만 총 6000억 원이 소요될 것으로 예상되는 투자비에 대한 경제성 면에서 회의적인 평가를 받았기 때문에 프로젝트는 중단되었다. 중단 결정의 옳고 그름을 떠나서 서남표 총장의 발상만큼은 높이 평가할 만하다.

　　　　　　　　　　　　　　　　　　　　뒤집어서 판 바꾸기

튀긴 면에 컵을 씌우는 라면

우리 생활과 밀접한 상품 중 전기밥솥, 즉석 카레, 샤프펜슬, 비데, 게임기, 가라오케 등과 같이 일본인들이 발명한 것이 많다. 그런데 이들의 발명품 중 최고의 것은 무엇일까? 일본인들은 인스턴트 라면을 가장 자랑스럽게 여긴다고 한다. 한 해에 전 세계에서 소비되는 라면이 1000억 개나 된다고 하니 족히 그럴 만도 하다.

인스턴트 라면은 대만 태생의 일본인 안도 모모후쿠安藤百福가 1958년에 개발했다. 인스턴트 라면은 2차 세계대전 후 먹을 것이 부족하던 일본인들에게 큰 인기를 끌었다.

이후 여러 기업이 생산에 뛰어들면서 시장이 성숙기에 접어들자 안도는 라면의 세계화를 새로운 돌파구로 정하고 서양의 여러 국가를 순

컵라면 제조공정의 난제

회했다. 그에게 결정적 영감을 준 것은 한 슈퍼마켓 바이어와의 만남이었다. 이 슈퍼마켓 바이어는 인스턴트 라면을 끓인 뒤 컵에 면을 넣고 국물을 부어 포크로 먹었다. 이를 본 안도의 머릿속에 "라면을 컵에 담아서 포크로 먹을 수 있도록 하면 국제적 식품이 될 수 있겠다"는 생각이 스쳤다. 1971년 출시된 컵라면은 이렇게 탄생했다.

안도 모모후쿠가 컵라면의 제조공정을 설계할 때 가장 어려웠던 부분은 튀긴 면을 컵에 집어넣는 공정이었다. 튀긴 면을 집어서 아래에 있는 컵으로 떨어뜨리면 컵 안에 쏙 들어가야 하는데 그게 쉽지 않았다.

사람이 무언가에 몰입할 때 설명하기 힘든 능력이 발휘되는 경우가 종종 있다. 어느 날 안도 모모후쿠는 천장과 바닥이 뒤집히는 꿈을 꾸다가 잠에서 깨어났다. 바로 그때가 유레카 순간이었다. 고정된 컵에 라면을 떨어뜨릴 것이 아니라 이와는 반대로 튀긴 면 위에다 컵을 꽂으면 되겠다는 해결책이 떠오른 것이다.

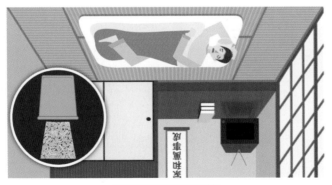

컵라면 제조공정의 해결책

뒤집어서 판 바꾸기

작업자를 찾아오는 물품 선반

우리가 무심코 지나쳐서 느끼지 못하지만 이동체 역전은 20세기 생산성 혁명의 원동력이었다. 대량생산시스템이나 자동화된 공장에서 사용되고 있는 컨베이어와 무인운반차^{AGV}도 모두 이동체 역전의 산물이다. 아마존이 물류센터에 배치한 '키바^{Kiva} 로봇'은 이동체 역전의 힘을 잘 보여준다.

아마존의 물류센터는 마치 거대한 도서관처럼 선반이 나열되어 있다. 이 로봇이 배치되기 전에는 휴대용 단말기로 필요한 품목이 어떤 선반 어느 위치에 있는지 찾은 후 이를 가지러 작업자가 이동해야 했다.

그러나 키바 로봇은 원하는 상품이 있는 선반으로 이동한 후 선반 자체를 들어 올려서 담당 작업자가 있는 곳으로 가지고 온다. 포장은 사람 손으로 해야 하지만 멀리 있는 선반까지 작업자가 왕복할 필요가 없

아마존 물류센터의 키바로봇

기 때문에 작업효율이 2~3배 높아졌다. 또한 예전에는 작업자들이 선반 사이를 이동할 통로가 필요했지만 키바 로봇은 선반 밑으로 다닐 수 있기 때문에 통로의 폭을 줄일 수 있었다.

공기 빨아들이는 손 건조기

영국 리즈대 연구진이 발표한 논문에 의하면 화장실에서 손을 씻은 후 손 건조기를 사용하면 종이 타월을 쓸 때보다 패혈증, 폐렴, 위장염을 유발하는 세균 수가 5배까지 높아질 수 있다고 한다.[1] 일부 사용자들이 손을 제대로 씻지 않고 건조기를 사용하기 때문에 손에 남아 있던 세균이 화장실 내 세면대와 거울 및 바닥으로 날아가기 때문이다.

흡입식 건조기

뒤집어서 판 바꾸기

그렇다면 건조기에서 공기가 배출되는 것이 아니라 건조기 안으로 공기가 빨려 들어가도록 바꾸면 어떨까? 경희대 조부현 학생은 기존의 송풍식 건조기와는 반대로 '흡입식 건조기Suction Dryer'를 고안했다. 건조기 팬 뒤에 필터를 부착해 흡입된 공기를 여과한다는 이 아이디어는 레드닷 디자인 어워드의 디자인 콘셉트 부문 최고상과 K-디자인 어워드를 수상했다.

관점 역전

운전자 대신 보행자를 보호하는 에어백

자동차 사고가 발생했을 때 운전자를 보호하기 위한 에어백은 이미 자동차의 필수품목으로 인식되고 있다. 하지만 자동차에 치이는 사람들은 어떤 보호를 받을 수 있을까?

미국에서는 교통사고 피해자의 약 7분의 1이 사망한다고 한다. 교통사고 시 보행자를 보호하기 위해 자동차의 전면 유리나 범퍼를 덮는 보행자용 에어백은 기존과는 반대 관점에서 생각하는 '관점 역전'의 사례 중 하나다.

보행자를 보호하기 위한 차량 안전장치 중 흥미로운 것은 2016년 구글이 자율주행 자동차용으로 개발한 '접착성 자동차 덮개'다. 자율주행 자동차는 운전자가 없기 때문에 운전자 보호용 에어백은 필요가 없

뒤집어서 판 바꾸기

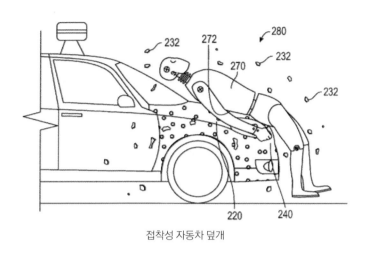

접착성 자동차 덮개

는 대신 보행자용 보호장치가 필수다.

구글은 차 앞부분에 얇게 입히는 끈끈한 접착막에 대한 특허를 받았는데, 사람이 차와 충돌하는 순간 이 접착막이 활성화되어 부딪힌 사람이 차량에 달라붙는다. 이 때문에 충돌사고를 당한 사람이 튕겨나가 콘크리트 바닥에 떨어지거나 다른 차량에 또 부딪히는 등의 2차 피해가 발생하지 않는다. 이 기술은 자율주행 자동차를 위해 개발된 것이지만 다른 차량에도 적용하지 못할 이유가 없다.

보행자 대신 운전자 대기 시간을 알려주는 신호등

이번에는 교통신호등에 대해 생각해보자. 횡단보도용 신호등은 언

에코 교통신호등

제 다른 신호로 바뀔지 알려주는 것이 보편화 되어 있지만 운전자용 신호등은 그렇지 않다. 레드닷 디자인 어워드의 디자인 콘셉트 부문 수상작 중 보행자가 아니라 운전자에게 얼마나 기다려야 할지 알려주는 신호등이 있다.

'에코Eko 교통신호등'이라고 이름 붙인 이 신호등에는 운전자용 적색 신호 테두리에 시간 경과를 보여주는 부분이 있다.

운전자가 얼마나 더 대기해야 할지 알면 긴장을 늦추고 기다릴 수 있으며, 대기 시간이 길 때 시동을 잠시 *끄고* 기다리면 연료도 절약할 수 있다.

구매자 대신 공급자가 경쟁하는 역경매

경매의 역사는 기원전 500년으로 거슬러 올라간다. 미국경매인협회 자료에 의하면 당시 그리스에서는 아내를 경매시장에서 구했는데 딸을 경매 외의 방법으로 매매하는 것은 불법이었다. 로마에서도 군인들이 전쟁에서 약탈한 노예나 보석 등을 경매에 붙였다. 이때 자격증을 가진 전문 경매사가 창을 땅에 내려찍는 것으로 경매의 시작을 알렸는데 이것이 경매봉의 효시가 되었다.

일반적 경매는 공급자가 먼저 낮은 가격을 제시해 구매자들끼리 경쟁을 붙인 다음 점점 가격을 올려가면서 최고가에 낙찰시킨다. 미국의

장레옹 제롬의 '로마의 노예시장'

프라이스라인닷컴Priceline.com은 구매자들끼리 경쟁을 붙이는 대신 소비자가 먼저 원하는 구매 가격을 제시한 후 공급자들끼리 경쟁을 붙이는 인터넷 역경매를 처음으로 도입했다. "당신의 가격을 제시하세요Name your own price"라는 문구는 프라이스라인의 트레이트 마크다.

호텔이나 항공사의 가장 큰 골칫거리는 재고관리다. 남아 있는 호텔 룸이나 비행기 좌석은 팔아야 할 재고다. 그런데 판매되지 못한 호텔 룸이나 비행기 좌석은 시간이 지나면 가치가 사라진다. 따라서 이러한 소멸성 재고의 판매가격은 마감기한이 다가올수록 내려간다. 그러나 정상 가격에 구매한 고객이나 브랜드 손상을 고려하면 무턱대고 가격을 낮출 수 없다. 프라이스라인닷컴은 역경매를 통해 기업의 이러한 고민을 해결함과 동시에 고객에게 낮은 가격으로 구매할 수 있는 기회를 제공했다.

프라이스라인의 역경매는 기업과 고객이 가격 흥정을 1:1로 하지 않는다. 예를 들어 호텔을 예약할 경우 머무르고 싶은 구역과 호텔 등급을 선택한 후 본인이 희망하는 가격을 입력한다. 만약 제시한 조건에 맞는 호텔이 없다면 호텔 등급이나 구역을 바꾸거나 제시 가격을 조금씩 높인다. 이런 방식으로 흥정을 진행하다가 조건에 맞는 호텔이 나오면 예약한다. 예약과 동시에 결제가 진행되며, 결제가 끝나면 호텔 이름과 위치 등의 자세한 정보를 확인할 수 있다. 또한 예약 후에는 취소나 환불, 변경, 양도가 불가능하다. 그러나 공급자는 사전에 브랜드 노출 없이 소멸성 재고를 판매할 수 있으며, 소비자 또한 상대적으로 저렴한 가격에 구매할 수 있기 때문에 역경매는 공급자와 소비자 모두에게 가치를 제공한다.

지상에서 인공위성 추적 대신 인공위성에서 지상 추적

우리가 일상생활에서 자주 사용하는 스마트폰의 GPS 기능도 관점 역전의 산물이다. 2차 세계대전이 끝난 후 미국과 구舊소련이 정치적으로 대립하고 군사적으로 경쟁하던 냉전시대에 미군은 잠수함의 위치를 추적하는 기술이 필요했다. 그러나 몇 달간 계속 깊은 바다 속에 머무르기도 하는 잠수함 위치를 추적하는 일이 쉽지 않았다.

1957년 10월 소련이 최초의 인공위성 스푸트니크Sputnik 발사에 성공하였다. 이 위성은 지구 위 577km의 궤도를 초속 8km로 돌았다. 이때 존스홉킨스대 응용물리연구실에서 일하던 두 명의 젊은 연구원이 구내식당에서 이야기를 나누던 중 위성이 필히 어떤 신호를 내보내고 있을 것이라고 생각하고 연구실로 돌아와서 작은 안테나와 앰프를 설치했다.

신호 탐지에 나선 지 두어 시간 만에 삑삑 하는 소리가 들렸다. 자세히 들어보니 신호의 주파수가 조금씩 변하였다. 그것은 도플러 효과 Doppler effect 때문이었다. 이를 토대로 그들은 인공위성이 움직이는 궤도를 실시간 추적할 수 있었다. 그로부터 보름 정도 지난 후 그들의 상사가 다음과 같이 물었다[2].

자네들이 지상의 특정 지점에서 지구 위 궤도를 도는 인공위성의 알려지지 않은 위치를 알아냈잖아. 그것을 거꾸로도 할 수 있을까? 그러니까 인공위성의 위치를 알고 있다면 지상의 모르는 위치도 찾을 수 있을까?

GPS

이러한 관점의 전환은 요즈음 우리가 일상적으로 사용하는 GPS^{Global Positioning System} 기술개발의 첫걸음이 되었다.

무엇이든 거꾸로 보는 천재들

천재들의 사고방식을 정리한 『생각의 탄생^{Sparks of Genius}』이라는 책에는 다음과 같은 내용이 나온다[3].

무수히 많은 과학자들의 사례를 분석해 본 결과, 나는 이들의 공통

뒤집어서 판 바꾸기

점을 발견해 냈어요. 물론 전략 자체는 각각 다르게 나타났지만, 기본적으로 이들은 현상을 '거꾸로' 보는 사람들이었어요. 어떤 패턴이든, 어떤 모양이든 항상 회전해보고, 거꾸로 보고, 다양한 각도에서 분석했죠.

이것은 과학 연구에서도 역전 코드가 많이 적용된다는 것을 보여준다. 우리가 흔히들 획기적 발상의 전환을 '코페르니쿠스적 전환'이라고 이야기 하듯이 코페르니쿠스의 지동설이 대표적 사례이다.

1473년 폴란드에서 태어난 니콜라우스 코페르니쿠스Nicolaus Copernicus는 대학에서 신학을 전공했으나 철학, 수학, 천문학 등의 여러 학문을 접하면서 특히 천문학에 관심을 갖게 되었다. 당시 사람들은 신이 창조한 특별한 존재인 인간이 사는 대지가 세상의 중심이며, 우주 만물은 지구를 중심으로 회전하고 있다는 천동설天動說을 신의 섭리로 굳게 믿고 있었다. 그러나 천체의 움직임을 면밀히 관찰한 코페르니쿠스는 별들이 천동설대로 움직이지 않는다

는 것을 깨닫고 깊은 고민에 빠졌다. 관점을 바꾸어 하늘을 중심으로 지구가 회전한다고 보니 관찰한 것들이 명쾌하게 설명되었다. 코페르니쿠스 사후 케플러와 갈릴레이 등이 그의 연구를 뒷받침함으로써 이제 지동설地動說은 과학 상식이 되었다.

코페르니쿠스 동상

문화예술에 내재된 역전 코드

풍선처럼 부풀어 터질 것 같은 모나리자

예술 작품의 모델들은 대개 팔등신의 늘씬한 몸매를 자랑한다. 그러나 콜롬비아의 화가이자 조각가인 페르난도 보테로Fernando Botero는 뚱뚱한 모델을 내세우는 작가로 유명하다. 그의 작품 속 인물이나 사물들은 한결같이 풍선처럼 부풀려져 있다. 또한 이목구비를 작게 그려 더욱 풍만하게 보이도록 한다.

미술 평론가들은 보테로가 고향인 남미 사람들의 낙천적 성격을 표현하기 위해 풍선처럼 부풀려진 이미지를 그린다고 설명한다. 그러나 작가 자신은 그렇게 그리는 특별한 이유는 없으며 단지 그런 이미지에 마음이 끌리기 때문이라고 한다.

한 가지 분명한 사실은 보테로가 세계적 명성을 얻게 된 배경에는

페르난도 보테로의 '모나리자'(상)와
'커플 댄싱'(하)

늘씬한 모델이 아니라 풍만한 모델을 전문으로 그린다는 역전 사고가
들어 있다는 점이다.

캔버스를 꽉 채운 한 송이 꽃

미국의 화가 조지아 오키프Georgia O'Keeffe도 역전 사고로 명성을 얻
었다. 이전의 그림 속 꽃들은 장식용 꽃이나 배경으로서의 꽃밭이었으
나 그녀는 하나의 꽃이 큰 캔버스를 꽉 채우는 작품을 선보였다. 여성
화가가 드물던 시절 대담한 꽃 그림을 들고 나온 오키프에 대해 평론가
들은 중심핵을 둘러싸고 소용돌이치듯 퍼져 나간 꽃잎이 여성의 몸을

조지아 오키프의 '검은 붓꽃Black Iris'

　　　　　　　　　　　　　　뒤집어서 판 바꾸기

은유적으로 표현하는 것이라고 했다. 그러나 그녀는 이러한 성적 해석을 완강히 부인했다. 오키프는 꽃을 크게 그린 이유를 다음과 같이 설명하였다[4].

> 내가 본 꽃을 그대로만 그렸다면 아무도 내가 본 것을 보지 못했을 것이다. 꽃이 작은 만큼 그림도 작게 그렸을 테니까 말이다.

그녀는 다른 화가들과 달리 의도적으로 꽃을 크게 그렸다는 것이다.

우람한 근육질 백조의 군무

차이코프스키가 작곡한 '백조의 호수'는 100년 이상 고전 발레의 대명사로 군림해 왔다. 백조처럼 목을 둥글게 돌리는 움직임, 양쪽으로 팔을 굽히고 펴는 날개 동작, 날개 끝처럼 파르르 떨리는 손의 움직임, 다리에 묻은 물방울을 톡톡 털어내는 모습 등과 같이 백조의 움직임을 섬세한 발레 동작으로 담아낸 이 작품은 보는 이들로 하여금 감탄을 자아내게 한다.

그런데 불행하게도 이 명작은 발레의 발전에 가장 큰 걸림돌이다. 새로운 창작 발레를 선보여도 백조의 호수의 높은 명성에 사로잡힌 대중들이 좀처럼 보려고 하지 않는다는 것이다. 이러한 장벽을 깨뜨리기

발레 '백조의 호수' 공연 장면

위한 시도 중 가장 성공한 것은 영국의 안무가 매튜 본Matthew Bourne이 댄스 뮤지컬로 재탄생시킨 '매튜 본의 백조의 호수'이다.

이 작품의 가장 큰 특징은 동화 속 이야기와도 같았던 원작의 무대를 현대 영국 왕실로 옮기고, 가냘프고 우아한 이미지의 여성 대신 근육질의 남성들에게 백조의 역할을 맡긴 것이다. 관객들의 시선을 압도하는 남성 백조들의 군무는 큰 충격과 더불어 화제를 몰고 다녔다. 1995년 런던에서 처음 공연된 매튜 본의 백조의 호수는 웨스트엔드와 브로드웨이에서 최장기간 흥행한 댄스 뮤지컬이 되었다. 이 작품은 로렌스 올리비에상과 토니상을 비롯한 30여개의 국제적인 상을 수상했다. 원작의 배경을 설화에서 현대 왕실로 바꾸고 우아한 여성 백조를 역동적 남성 백조로 바꾼 것은 역전 사고다.

흑설공주로 고전동화 도식을 깨다

고전동화에는 일정한 도식이 있다. 미녀는 착하고 추녀는 악하며, 어머니가 일찍 세상을 떠난 예쁜 여아는 계모로부터 구박받지만 결국에는 백마 탄 왕자를 만나는 식의 해피엔딩으로 마무리된다.

이러한 고정관념을 깨기 위해 미국의 저명한 여성학자인 바버라 워커Barbara G. Walker는 기존의 동화들을 거꾸로 비튼 『흑설공주Feminist Fairy Tales』라는 책을 써서 큰 반향을 일으켰다. 다음은 이 책의 목차다.

> 흑설공주
>
> 못난이와 야수
>
> 개구리 공주
>
> 릴리와 로즈
>
> 분홍요정 세 자매
>
> 막내 인어공주
>
> 하얀모자 소녀
>
> 신데헬
>
> 벌거벗은 여왕님
>
> 질과 콩나무
>
> 알라딘과 신기한 램프
>
> 늑대 여인

퀘스타 공주

바비인형

백설공주가 아니라 흑설공주, 미녀와 야수가 아니라 못난이와 야수, 개구리 왕자가 아니라 개구리 공주, 벌거벗은 임금님이 아니라 벌거벗은 여왕님, 늑대 소년이 아니라 늑대 여인이라는 제목에서 쉽게 알 수 있듯이 저자는 '관점 역전'을 통해 자신의 메시지를 쉽고도 분명하게 전달하고 있다.

아이는 어른의 아버지

문학에서 표면 아래의 진실을 드러내거나 사람들의 고정관념을 깨기 위해 통상적 생각이나 표현을 역전시키기도 한다. 영국의 서정시인 윌리엄 워즈워스William Wordsworth의 시 '무지개'를 보자.

저 하늘 무지개를 보면

내 가슴은 뛰노라;

내 어릴 때도 그러했고;

지금도 그러하고;

늙어서도 그러하리,

그렇지 않다면 차라리 죽는 게 나으리!

아이는 어른의 아버지;

내 하루 하루가

자연의 숭고함 속에 있기를

이 시에서 가장 유명한 구절은 '아이는 어른의 아버지'이다. 어른이 아이의 아버지가 아니라 어떻게 아이가 어른의 아버지일까? 아이가 자라서 어른이 되니, 어른이 되기 전에 있던 아이가 오히려 아버지라고 볼 수 있다. 또한 어릴 적 삶과 경험이 훗날 어떤 어른이 될 것인지에 큰 영향을 미치므로 아이가 아버지일 수도 있다. 시인은 '아이는 어른의 아버지'라는 표현을 통해 대자연에 대한 변함없는 경외심을 감동적으로 그려냈다.

5

도랑 치고
가재 잡고

용도
통합
Task unification

타이태닉호는 침몰 전 다른 방도가 없었나

인간의 오만과 신의 저주

1911년 5월 31일 북아일랜드 벨파스트의 조선소에 타이태닉호가 모습을 드러냈다. 4만 6000톤이 넘는 사상 초유의 거대한 선박 진수식을 보기 위해 수많은 사람들이 몰려들었다. 이날 선주 측의 한 직원은 감격스러운 목소리로 외쳤다.

"하나님이라 할지라도 이 배는 침몰시킬 수 없을 것이다."

1912년 4월 10일 타이태닉호는 2200여 명의 승객과 승무원을 태우고 영국 사우스햄튼을 떠나 미국 뉴욕으로 처녀 운항에 나섰다.

출항 5일째 되던 4월 14일 밤이었다. 평소와 달리 달빛도 바람도 너

울도 없었기 때문에 칠흑같이 어두운 바다를 미끄러지듯 순항하고 있었다. 대부분의 승객들이 잠든 밤 11시 40분 경계근무를 하던 승무원이 경고 벨을 3번 반복하여 울리면서 선장에게 다급하게 전화했다.

"바로 앞에 빙산이 있습니다, 빙산!"

이를 피하기 위해 엔진을 끄고 뱃머리를 급히 왼쪽으로 돌렸으나 빙산은 약 10초간 오른쪽 뱃전을 세차게 치고 긁었다.

배의 침몰을 예상한 선장은 구명보트를 띄울 준비가 끝나자 먼저 여자와 어린이들을 태우라고 지시했다. 빙산과 충돌한 지 한 시간이 조금 더 지난 12시 45분 캄캄한 바다 위로 첫 번째 구명보트를 띄웠다. 1시 15분이 되자 배의 앞부분이 완전히 물에 잠겼다. 뱃머리가 침수하자 배의 뒷부분은 허공을 향해 점점 더 높이 들려 올라갔다. 2시 5분이 되자 20척의 구명보트가 모두 동이 났다.

독일 화가 스튀베르Stöwer가 그린 타이태닉호의 침몰 장면

　　　　　　　　　　　　　　　　　　도랑 치고 가재 잡고

배와 운명을 같이 하기로 마음먹은 선장은 승무원들에게 이제부터 자기 목숨은 스스로 챙기라고 말했다. 살아남기 위한 처절한 몸부림과 비명 속에 2시 17분이 되자 허공을 향해 들려 있던 뒷부분의 무게를 견디지 못하고 배는 천지를 울리는 굉음과 함께 두 동강 났다. 순식간에 불이 꺼지면서 두 조각난 배는 바다 속으로 빨려 들어갔다.

인간의 오만함에 대한 신의 저주였을까? '하나님도 침몰시킬 수 없을 것'이라 호언하던 타이태닉호의 운명은 이렇게 끝이 나고 생사의 기로에 섰던 사람들도 산 자와 죽은 자로 갈렸다. 구명보트를 타고 거친 바다 위에 내던져진 자들에게 희미한 먼동과 함께 구원의 손길이 다가왔다. 새벽 4시 30분이 되자 무선으로 구조요청을 받은 카르파티아 Carpathia호가 도착한 것이다. 2224명의 승객과 승무원 중 산 자는 711명, 죽은 자는 1513명이었다.

관점의 차이가 초래한 결과의 차이

타이태닉호와 운명을 같이 한 선장이 취할 수 있었던 더 좋은 방도는 없었을까? 『하버드 비즈니스 리뷰』에 발표된 한 논문[1]에서는 빙산을 '재앙의 원인'으로만 아니라 '인명 구조의 해결책'으로도 생각했다면 결과가 달라질 수도 있었을 것이라고 했다.

수면 위로 높이 떠 있던 빙산의 길이는 120m가 넘었다. 그렇다면

타이태닉호와 충돌한 빙산

빙산 위의 평평한 곳을 찾아 구명보트로 승객들을 옮길 수 있었을 것이다. 또한 타이태닉호 자체도 얼마간 항해가 가능했으므로 빙산 가까이 선체를 댔다면 승객들이 그 위로 올라갈 수 있었을 것이다.

빙산을 구조물로 이용한 이런 방식이 전례가 없었던 것도 아니었다. 이보다 약 60년 전, 아일랜드에서 캐나다로 이주하던 176명의 승객 중 127명은 세인트로렌스만에서 부빙浮氷 위로 올라가 목숨을 건질 수 있었다.

이러한 방식의 구조가 실제로 작동될 수 있었는지는 알 수 없지만 빙산을 피해야 할 '위험물'이 아니라 유용한 '구조물'로 보아야 한다는 생각은 그야말로 참신하다. 창의력을 높이기 위한 다섯 번째 발상코드인 '용도통합task unification'은 사물을 기존의 용도와 다른 관점에서 바라보고 활용하는 것이다.

도랑 치고 가재 잡고

창의성을 얽매는 기능적 고착에서 벗어나기

시계 바늘이 되는 건전지

창의성 분야에서 사물을 기존에 쓰이던 용도로만 사용하려는 심리적 편향을 '기능적 고착^{functional fixedness}'이라고 한다. 앞서 설명한 타이태닉호의 예에서 빙산을 피해야 할 '위험물'로만 인식하는 것도 기능적 고착이다. 사물을 다른 용도로도 활용하는 용도통합이 가능하려면 기능적 고착에서 벗어나야만 한다.

디자이너 우기하의 작품 '프런트 & 백^{Front & Back}'은 용도통합의 개념을 아주 잘 살린 수작秀作이다.

이 작품을 보면 우선 시계판의 눈금이 없다. 사실 눈금이 없어도 현재 시간이 10시 10분쯤 된다는 것은 누구라도 쉽게 짐작할 수 있으니 시계판의 눈금이 사라진 것은 대수로운 것은 아니다. 이 작품이 정말 창

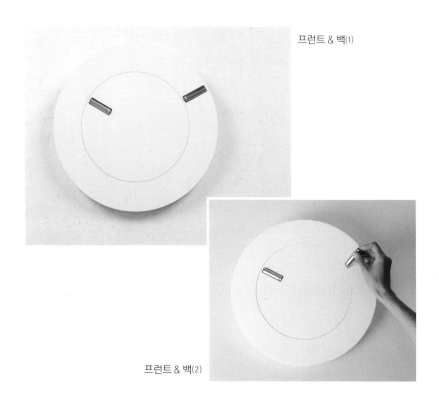

프런트 & 백(2)

의적인 이유는 바로 시계 바늘에 있다.

아래쪽 이미지 프런트 & 백(2)를 보면 건전지가 시계 바늘의 역할을 하는 것을 알 수 있다. 이처럼 하나의 요소가 다른 역할까지 수행하는 것이 용도통합이다.

"건전지를 시계 바늘로 쓴다"는 발상이 쉬워 보이지만 선뜻 생각해낼 수 없는 것은 앞서 설명한 기능적 고착 때문이다. 기능적 고착은 용도통합의 발상을 가로막는 가장 큰 장애요인이다. 건전지의 역할은 에너지를 공급하는 것이라는 생각이 머릿속에 각인되어 있기 때문에 다른 용도로 쓸 생각을 좀처럼 하기 힘든 것이다.

일석삼조의 기내 화장실 잠금장치

비행기 화장실 잠금장치는 용도통합의 대표적 사례다. 기내 화장실에 들어가 잠금장치를 밀면 화장실 내의 조명등이 밝게 켜진다. 잠금장치가 전등 스위치 역할도 하는 것이다. 또한 화장실 스위치를 잠그는 순간 화장실 문짝 바깥에 있는 사용 안내 정보가 '비었음Vacant'에서 '사용중Occupied'으로 바뀐다. 잠금장치가 사용 유무 안내까지 하는 것이다. 뿐만 아니라 승객들이 좌석에 앉은 상태에서도 화장실 사용이 가능한지

기내 화장실 잠금장치에 연동되는 사용정보

알 수 있도록 기내 천장에도 사용정보가 함께 표시된다.

태양전지를 품은 지붕 타일

전기자동차 업체로 잘 알려진 테슬라Tesla는 태양광 패널을 지붕 위에 덧대는 종래의 방식 대신 지붕 슬레이트에 태양전지를 내장한 태양광 타일을 개발했다.

이 타일을 사용하면 주택 건설 시 태양광 패널을 설치하기 위한 별도의 추가 공사가 필요 없을 뿐 아니라 미관상 보기도 좋다. 테슬라는 종래의 지붕 타일에 태양광 패널을 덧얹은 것보다 가격이 저렴할 뿐 아니라 태양광 활용으로 인한 전기료 절감만으로도 설치비를 회수할 수 있을 것이라고 주장하고 있다.

테슬라의 태양광 타일

　　　　　　　　　　　　　　　　　　　도랑 치고 가재 잡고

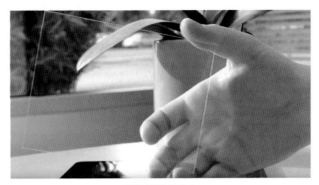

투명 태양광 패널

2017년 미국 미시간주립대 연구진은 유리같이 투명한 태양광 패널을 개발하였다. 만약 이것이 실용화된다면 건물이나 자동차 유리창 등이 태양광 패널을 대체할 수 있기 때문에 용도통합의 혁신적 사례가 될 것이다.

우리가 쓰는 속담 중 '도랑 치고 가재 잡고', '꿩 먹고 알 먹고', '임도 보고 뽕도 따고' 등은 용도통합과 잘 어울리는 말이다. 용도통합의 많은 사례 중 몇 가지만 추려서 살펴보자.

식품의 용도통합

그릇으로 사용되는 포장재

흔히 컵라면을 가리켜 '라면의 재발명'이라고 한다. 컵라면의 발명으로 인해 인스턴트 라면 시장이 예전과는 비교할 수 없을 정도로 확장되었기 때문이다. 컵라면이 이렇게 성공할 수 있었던 이유는 무엇일까?

일본 컵라면 박물관에 있는
안도 모모후쿠 동상

도랑 치고 가재 잡고

"곧바로 맛있게 매우 맛있게"라는 광고 카피처럼 별도의 그릇이 없더라도 곧바로 먹을 수 있기 때문이다. 컵라면의 컵은 포장재 역할 뿐 아니라 그릇의 역할도 하고 있다. 포장재와 그릇의 용도통합이 대박을 터뜨린 것이다.

컵라면과는 달리 포장된 식품을 조리하지 않고 바로 먹을 경우에는 냄비가 아니라 접시가 필요하다. 건국대 김석우, 이범호, 권도혁, 서동한은 감자칩의 포장 용기를 접시로 사용할 수 있는 '블룸칩스Bloom Chips'를 고안했다.

기존의 포장 용기는 감자칩의 손상을 막기 위해 딱딱한 원통형으로 만들어졌기 때문에 절반 정도 먹고 나면 꺼내기 힘들다. 또한 여러 명이 함께 먹을 때에는 한 번에 한 사람만 내용물을 집을 수 있다. 이러한 불편을 없애기 위해 감자칩의 용기를 꽃봉오리가 피듯이 넓은 쟁반 형태로 벌어지도록 만들었다. 이 디자인은 레드닷 디자인 어워드와 iF 디자인 어워드의 디자인 콘셉트 부문 수상작으로 선정됐다.

블룸칩스

수프 먹고 그릇까지 꿀꺽

　식당 운영에 용도통합이 적용된 사례를 하나 보자. 미국 샌프란시스코의 피셔맨스 워프Fisherman's Wharf라는 해변에 가면 클램 차우더clam chowder(대합조개를 넣어서 끓인 크림 수프)로 유명한 식당 보댕Boudin이 있다. 이 식당에서는 발효된 빵의 중간을 도려내어 공간을 만들고 거기에다 수프를 담아준다. 고객들은 수프를 먹은 다음 그것을 담았던 빵을 먹는다. 빵이 수프를 담는 그릇의 역할까지 하는 것이다.

　이렇게 하면 식당 입장에서는 설거지할 게 따로 없다. 일회용 종이 접시 위에 발효된 빵을 얹고, 그 빵의 중간을 도려내고 거기다가 수프를 넣어서 주니까 고객들은 수프와 빵을 차례로 먹고 난 다음 종이 접시만 쓰레기통에 던지고 가면 된다. 빵과 그릇의 용도를 통합하여 필요한 일

보댕의 클램 차우더

　　　　　　　　　　　　　　　　　도랑 치고 가재 잡고

손을 대폭 줄인 것이다.

세제로 사용하는 과일 스티커

이번에는 수박, 참외, 배, 사과 등과 같은 과일에 명품이라고 홍보하기 위해 붙이는 스티커를 생각해 보자. 고객 입장에서는 끈끈한 접착제로 붙여 놓은 이 스티커를 떼는 것이 성가신 일이다. 또한 그렇지 않을 경우에도 스티커가 붙어 있는 과일 껍질을 음식 폐기물로 그대로 버릴 수 있는지 신경 쓰인다. 이 스티커를 다른 용도와 통합할 수는 없을까?

유명한 제품 디자이너인 스코트 암론^{Scott Amron}은 수용성 세제로 만든 과일용 스티커인 '워시라벨^{Wash Labels}'을 고안했다. 이 라벨은 다

워시라벨

른 스티커처럼 손으로 뗄 수도 있지만 물로 문지르면 유기 세제로 변하기 때문에 과일 표면에 있는 농약이나 먼지를 깨끗하게 씻어낼 수 있다. 또한 이 스티커에 상품 정보를 담은 바코드를 인쇄하면 매장의 운영관리에도 도움이 된다.

정보기기의 용도통합

디스플레이가 자판이 된 전화기의 재발명

전화기의 재발명이라고 불리는 아이폰의 출시는 통신기기 역사의 흐름을 바꾼 획기적 사건이었다. 아이폰의 탄생으로 인해 세계 휴대폰 시장에서 어느 누구도 넘볼 수 없었던 거대기업 노키아가 사라지고 미국 통신기기의 역사라고 자부하던 모토롤라가 파산하였다. 2007년 샌프란시스코에서 개최된 출시 발표회에서 스티브 잡스는 아이폰의 가장 큰 특징이 혁명적 사용자 인터페이스revolutionary UI라고 소개했다. 왜 그 것이 혁명적일까?

2007년 아이폰 발표 화면

이 발표회에서 스티브 잡스는 기존 휴대폰의 가장 큰 문제는 플라스틱 입력 자판기라고 말했다. 사용 여부에 상관없이 키보드가 계속 붙어 있을 뿐 아니라 이것 때문에 화면 크기를 키울 수 없었다. 아이폰은 터치스크린을 도입하여 화면이 입력 자판기의 역할까지 수행하도록 했다. 지금은 터치스크린을 통한 정보 입력이 당연시되지만 입력 자판과 출력 화면의 용도통합이 가져온 변화는 실로 엄청난 것이었다.

거치대도 되고 스위치도 되는 스마트 커버

애플은 2007년 아이폰 출시에 이어 2010년에 태블릿 컴퓨터인 아이패드를 시장에 내놓는다. 아이폰과 아이패드로 인해 정보기기 액세서리라는 새로운 시장이 탄생했다. 스마트 커버smart cover라고 불리는 아

도랑 치고 가재 잡고

아이패드 스마트 커버

이패드의 화면 보호용 덮개는 사용자들에게 큰 인기를 얻었다. 출시 당시 이 덮개는 10만 원에 가까운 높은 가격이었음에도 불구하고 스마트하기 때문에 우리나라에서도 많이 판매되었다.

액정화면의 덮개가 스마트한 이유가 무엇일까? 그것은 화면 손상을 방지하기 위한 덮개 이상의 역할을 하기 때문이다. 모두가 잘 아는 대로 거치대의 역할도 한다. 액정을 보호하기 위한 덮개가 받침대 역할도 하니 일거양득이다. 그것보다 더 중요한 것은 덮개가 스위치 역할까지 하는 것이다.

휴대용 정보기기가 안고 있는 기술적 모순은 배터리 용량이다. 장시간 사용이 가능하려면 배터리 용량이 커야 하지만 그렇게 하려면 무거워져서 휴대가 불편하다. 배터리 소모를 줄이기 위해서는 사용하지 않을 때 스위치를 꺼야 하는데 틈틈이 사용하는 휴대용 기기의 특성상 매번 스위치를 껐다가 다시 켜는 일이 여간 번잡하지 않다. 그러나 아이패드의 액정 덮개를 덮으면 자동으로 전원이 꺼지고 덮개를 떼면 다시 들어온다. 얼마나 스마트한가? 액정화면을 보호하기 위한 덮개, 편안한 사용을 위한 거치대, 배터리 소모량을 줄이기 위한 스위치의 기능이 하나로 통합된 것이다.

충전기가 되는 마우스 패드

배터리 사용과 관련된 다른 예로 PC용 무선 마우스를 생각해 보자. 사용자들이 겪는 불편 중 하나는 마우스에 들어있는 건전지를 교체해야 하는 것이다. 건전지가 모두 방전되어 마우스가 더 이상 작동하지 않을 때 교체를 위한 여분의 재고가 없다면 정말 곤혹스러울 것이다. 이러한 문제를 방지할 방법은 없을까?

리서지

도랑 치고 가재 잡고

쿼키 사의 마우스 패드 '리서지Resurge'는 충전기의 역할까지 한다. 마우스가 움직이지 않을 때 마우스 패드를 통해 자동으로 충전된다. 이처럼 마우스 패드가 충전기의 기능까지 수행하므로 별도의 건전지나 충전기가 없어도 된다.

운송기구의 용도통합

물통이 된 바퀴

수레에 바퀴를 달아 처음 사용한 사람들은 기원전 3500년경 메소포타미아에 살던 수메르인이었다고 한다. 수레바퀴의 등장으로 인해 물류의 이동이 원활해지고 문물 교류가 일어날 수 있었기 때문에 바퀴는 인류 최고의 발명품 중 하나로 손꼽힌다.

적정기술의 대표적 사례로 널리 알려진 'Q 드럼Q Drum'은 바퀴에 용도통합의 개념을 적용한 것이다. 아프리카 오지에 사는 수백만 명의 사람들은 깨끗한 식수를 구하기 위해 아주 먼 곳에서 물을 길러 와야 한다.

주로 여자나 어린이들이 물을 길으러 다니는데 물동이나 물지게로 운반할 수 있는 물의 양은 얼마 되지 않는다. 깨끗한 식수가 부족하기

도랑 치고 가재 잡고

때문에 이들은 콜레라나 이질 등의 수인성 전염병에 늘 노출되어 있으며, 오염된 물을 마시고 사망하는 사람이 하루에 6000명 정도 된다고 한다. 불행하게도 사망자의 대부분은 면역력이 약한 어린이들이다. 이러한 문제를 해결하기 위해 남아프리카공화국의 헨드릭스Hendrikse 형제가 고안한 것이 Q 드럼이다.

중앙에 구멍이 뚫린 도넛 모양의 가벼운 플라스틱 물통에 줄을 걸어 쉽게 굴릴 수 있도록 만들었다. 여성이 물동이를 머리에 이고 운반할 수 있는 물의 양은 기껏해야 15리터이지만 바퀴와 물통의 기능을 통합한 Q 드럼을 이용하면 한 번에 50리터를 운반할 수 있다. 또한 한 번에 많은 양을 운반할 수 있기 때문에 물 길러 가는 횟수도 대폭 줄일 수 있다.

이렇게 편리한 Q 드럼에도 개선할 점이 있다. 사소한 동작이라도 계속 반복하면 힘든데 50리터의 물이 담겨있는 바퀴를 밀지는 못하고

Q 드럼

계속 당겨야만 하는 것이 문제다. 또한 드럼 중앙부의 빈 공간이 너무 크기 때문에 공간 활용이 비효율적이다.

이러한 Q 드럼의 단점을 보완한 것이 '히포 워터롤러Hippo Water Roller'다. 물통 중앙의 구멍을 아주 작게 만들고 여기에 금속으로 만든 운반 손잡이를 끼운다. 이렇게 하면 물을 더 많이 담을 수 있을 뿐 아니라 밀고 당기는 것을 모두 할 수 있다.

안장이나 페달로 잠그는 자전거

용도통합의 개념을 자전거에 적용한 재미있는 예를 몇 개 살펴보자. 자전거를 도둑맞지 않으려면 잠금 체인이 필요하지만 이것을 가지고 다니기는 불편하다. 자전거에 있는 기존 요소 중 체인의 역할을 대신할 수 있는 것이 없을까?

이상화, 김진호, 여민구 디자이너는 자전거의 안장을 뒤로 젖혀서 뒷바퀴를 잠글 수 있는 방법을 고안했다. 안장saddle을 잠금장치로 이용하기 때문에 '새들록Saddle Lock'이라고 이름 붙인 이 디자인은 레드닷 디자인 어워드의 디자인 콘셉트 부문 수상작이다. 안장에 번호 열쇠가 내장되어 있기 때문에 별도의 다른 열쇠가 없어도 된다.

자전거 페달을 잠금장치로 이용하는 방법도 있다. '페달록Pedal Lock'은 자전거 페달에 내장된 케이블을 자전거 바퀴 테나 외부 물체에

도랑 치고 가재 잡고

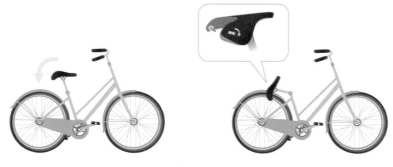

새들록

걸고 번호 키로 잠글 수 있도록 한 것이다. 페달록을 이용하면 자물쇠를 따로 챙길 필요가 없다.

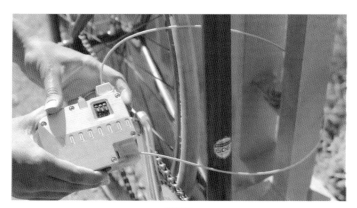

페달록

바람도 넣고 자전거도 세우는 킥스탠드

자전거 안장이나 페달 말고 다른 요소를 잠금장치로 이용할 수는 없을까?

호서대 김수환, 윤준호, 이도훈, 박효진은 자전거를 세워둘 때 사용하는 킥스탠드kickstand를 잠금장치로 사용하는 방법을 고안했다. 킥스탠드를 이용하여 신속하게 잠글 수 있다는 뜻에서 '퀵스탠드 & 록Quick Stand & Lock'이라고 이름 붙였다.

자전거의 킥스탠드에 용도통합을 적용하여 상품화한 좋은 사례로는 (주)리만의 '킥스탠드 펌프Kickstand Pump'가 있다. 리만의 김필호 대표는 예전에 서울의 한 대학병원에서 방사선사로 근무하면서 취미생활로

퀵스탠드 & 록

도랑 치고 가재 잡고

킥스탠드 펌프

자전거를 즐겨 탔는데, 고가의 로드바이크에 받침대가 없어서 늘 불편함을 느꼈다.

고가 자전거는 무게를 줄이고 멋진 모양을 유지하기 위해 대부분 받침대가 없다. 이 때문에 자전거를 타지 않을 때는 바닥에 눕히거나 벽에 기대놓아야만 했다. 또한 바퀴가 얇아서 바람이 빠지거나 펑크가 나는 일이 종종 있었다. 이 때문에 바람 넣는 펌프와 펑크에 대비한 장비도 따로 갖고 다녀야 했다[2].

김필호 대표는 이러한 문제를 일거에 해결할 수 있는 킥스탠드 펌프를 개발하고 직접 창업에 나섰다. 평소 자전거 받침대 역할을 하는 킥스탠드 펌프를 분리하면 바퀴에 바람 넣는 펌프와 펑크 난 타이어를 바퀴 림에서 떼어내는 레버로 사용할 수 있다. 또한 주행 중에는 킥스탠드 펌프 끝부분에 불이 들어와 안전 확보를 위한 후미등 역할까지 한다.

바퀴를 차체로 사용하는 공중 부양 자동차

용도통합이 적용된 미래형 자동차를 생각해 보자. 2008년 터키의 한 디자이너는 자동차회사 푸조^{Peugeot}의 미래형 자동차로 예전에는 볼 수 없었던 파격적인 콘셉트카를 설계하였다. 수소 연료전지를 사용하는 이 자동차는 투명한 원통 안에 앉아서 핸들이 아닌 조이스틱으로 운전하도록 되어 있다. 물론 원통의 양쪽 측면이 회전하더라도 중앙부에 있는 의자는 함께 돌아가지 않도록 측면의 회전부와 분리되어 있다. 머릿속에 그려본 콘셉트이기는 하지만 "자동차 바퀴를 차체로 이용한다"는 발상은 획기적이다.

그렇지만 이러한 아이디어를 실용화하기에는 두 가지 문제가 있다. 첫째는 지면과의 접촉에 의해 발생하는 충격을 어떻게 흡수할 것인가 하는 문제다. 편안한 주행을 위해서는 충격을 흡수하기 위한 완충장치 shock absorber가 필요한데 이를 설치하기가 쉽지 않아 보인다. 둘째는 주행하다 보면 노면 위에 있는 흙탕물이나 각종 오물이 튀어 의자를 감싸고 있는 원통 자체가 금방 지저분해질 것 같다.

이러한 문제를 해결할 수 있는 콘셉트카가 나왔다. 2012년 중국에 진출한 폭스바겐은 온라인으로 미래형 자동차에 대한 아이디어를 공모했는데 무려 11만 9000건의 아이디어가 접수되었다고 한다. 또한 이 웹 사이트에 3300만 건의 접속이 있었다고 하니 창의혁신에 대한 중국인들의 뜨거운 열정을 실감할 수 있다.

폭스바겐 '호버 콘셉트카'

접수된 11만 9000건의 아이디어 중 가장 관심을 끈 것은 앞서 설명한 원통형 자동차를 공중 부양시킨 '호버Hover 콘셉트카'다. 공중에 떠서 갈 수 있다면 지면과의 접촉으로 인한 충격이나 표면 오염 문제가 모두다 해결된다. 마그네틱 시스템을 이용한 공중 부양과 조이스틱을 이용한 조종이 핵심인 이 아이디어는 한 여학생이 고안한 것인데, 폭스바겐은 정교한 컴퓨터 그래픽을 통해 공중에 떠서 주행하는 장면을 홍보 동영상으로 제작했다. 폭발적 인기를 끈 이 동영상에 나오는 공중 부양 자동차의 운전자 및 동승자는 아이디어를 제안한 여학생의 부모이다.

문화예술에 내재된 용도통합 코드

젓갈과 젖가슴의 중의법

문학적 표현에도 창의적 발상의 공통적 유형이 많이 발견된다. 정희성 시인의 '새우젓 사러 광천에 가서'라는 시를 보자.

주일날 새우젓 사러 광천에 갔다가
미사 마치고 신부님한테 인사를 가니

신부님이 먼저 알고, 예까지 젓 사러 왔냐고
우리 성당 자매님들 젓 좀 팔아주라고

우리가 기뻐 대답하기를, 그러마고

어느 자매님 젓이 제일 맛있냐고

신부님이 뒤통수를 긁으며
글쎄 내가 자매님들 젓을 다 먹어봤느냐고

우리가 공연히 얼굴을 붉히며
그도 그렇겠노라고

이 시에는 해학諧謔이 넘친다. 어느 집 새우 '젓'이 가장 맛있냐는 질문이 어느 자매의 '젓'이 가장 맛있냐는 의미로 들리는 난감한 상황에 처한다. 하지만 '뒤통수를 긁으며'라는 신부님의 민망한 모습을 '우리가 공연히 얼굴을 붉히며'라며 당황하는 장면으로 연결하여 외설적 분위기를 수습하면서 웃음을 자아낸다.

여기서 '젓'이 젓갈과 젖가슴의 두 가지 의미를 갖는데, 수사법에서는 이를 중의법重義法이라고 한다. 창의발상코드 관점에서 보면 이것은 하나의 요소가 두 개 이상의 기능을 담당하는 '용도통합'에 해당한다.

6

관련 없는 것들 짝짓기

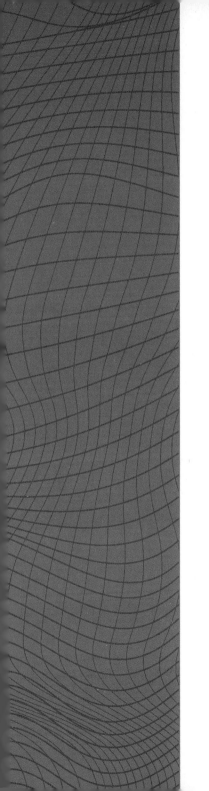

연결
Connection

바르셀로나의 불화살

평화의 제전을 만방에 알리려 한 촛불

1988년 서울올림픽 개막식은 여러 면에서 큰 화제를 불러 모았다. 특히 개막식의 하이라이트인 성화대 점화 장면은 종전 방식과 완전히 차별화된 접근으로 전 세계인의 눈길을 사로잡기 충분했다.

서울올림픽 성화 점화에는 올림픽 역사상 처음으로 리프트가 등장했다. 점화자가 계단으로 걸어 올라가 성화대에 불을 붙이는 방식 대신 리프트를 타고 성화대 정상까지 올라가 불을 붙이는 모습을 연출했다.

또한 이전 올림픽에서는 점화자가 한 명이었던 것과 달리 서울올림픽에서는 여러 명의 점화자가 함께 등장했다. 천天·지地·인人을 상징하는 세 명의 점화자가 전통 촛대 모양을 본뜬 22미터 높이의 성화대 위로 리프트를 타고 올라가 불을 붙이는 장면은 파격적이면서도 깊은 감동을

서울 올림픽 성화대 점화 장면

주었다.

  그러나 예상치 못한 불상사로 인한 옥에 티도 있었다. 평화의 상징으로 날려 보낸 비둘기 몇 마리가 성화대 위에 옹기종기 모여 있다가 성화대에 불이 붙는 순간 불에 타서 죽는 모습이 그대로 방송을 탔다.

  2012년 미국의 시사주간지 『타임』은 서울올림픽 개막식에 대해 "비둘기들을 경기장에 풀어놓은 것은 서류상으로는 좋은 아이디어였을지 몰라도 현실은 매우 섬뜩했다"고 지적하면서 서울올림픽 개막식을 사상 최악의 개막식이라고 평가했다.

  4년 뒤에 개최된 바르셀로나 올림픽에서는 이러한 문제를 피하기 위해 비둘기들을 개막식 대신 폐막식 때 날려 보냈다.

관련 없는 것들 짝짓기

우리가 놓친 올림픽 최고의 명장면

1992년 바르셀로나 올림픽의 성화 점화식은 역대 올림픽 중 최고라고 평가받는다. 계단이나 리프트를 이용해서 성화대 상단으로 올라가 불을 붙이는 방식 대신 불화살을 쏘아서 점화하는 기발한 방식을 선보였다.

장애인 올림픽 양궁 금메달리스트인 안토니오 레볼로Antonio Rebollo 가 수많은 관중들이 숨죽이고 지켜보는 가운데 어둠 속에서 불화살을 날려 성화대의 불꽃을 밝히는 순간은 그야말로 장관이었다.

한국인이라면 아마도 이 모습을 보면서 마음 한편에 뭔가를 빼앗긴 듯한 아쉬움이 들었을 것이다. 양궁이라고 하면 우리나라가 세계 최고가 아닌가.

바르셀로나 올림픽 성화대 점화 장면

사실 바르셀로나 올림픽의 개막식에서 쏜 불화살은 성화대를 명중시키지 못했지만 불화살이 성화대에 근접했을 때 자동점화 장치를 이용해 성화대에 불을 붙였다. 아마도 신궁神弓으로 불리는 우리나라 양궁 선수가 쏘았다면 명중시켰을 것이다.

우리는 왜 그 생각을 떠올리지 못했을까? 올림픽 개막식의 하이라이트인 성화대 점화와 우리나라 선수들이 독보적 기량을 보유하고 있는 양궁을 연결시키지 못했기 때문이다.

창의력을 높이는 마지막 여섯 번째 발상코드는 양궁을 점화식에 접목하는 것처럼, 겉보기에 별 상관이 없어 보이는 서로 다른 두 개의 요소를 결부시키는 '연결connection'이다.

유레카의 문이 열리는 순간

꽃병으로 불을 끈다

얼마 전 한 보험회사 광고에서 재미있는 장면이 하나 등장했다. 광고는 주인공의 집에 불이 나는 급박한 상황으로 시작되는데 화재보다 더 놀라운 것은 주인공인 집 주인의 대처였다.

불난 집 주인은 소화기 대신 테이블 위에 놓여 있던 꽃병을 들고 불이 타고 있는 곳을 향해 던지는 우스꽝스러운 모습을 보여주었다. 하지만 신기하게도 꽃병이 깨지면서 불도 꺼졌다.

광고에 등장한 이 꽃병은 '파이어베이스'라는 이름의 던지는 소화기다. 꽃병이 깨질 때 나오는 소화액이 급속 냉각 효과와 함께 산소를 차단시키기 때문에 불을 끌 수 있다. 평소 소화기의 사용법은 물론 소화기를 어디에 두었는지도 제대로 모르는 사람들에게는 획기적인 아이디

꽃병 소화기

어였다.

가만히 생각해보면 꽃병과 소화기는 어느 구석을 둘러봐도 공통점이나 관련성을 찾기 힘들다. 아무 관련이 없어 보이는 요소들의 '연결'을 통해 탄생한 놀라운 아이디어였다.

이 '꽃병 소화기Fire Vase'는 제일기획이 삼성화재의 보험 고객을 위해 이벤트용으로 개발한 제품이었으나 광고가 나간 이후 구입처를 묻는 문의 전화가 쏟아지면서 시중 판매로까지 이어졌다.[1]

유레카가 지나는 길목

꽃병과 소화기처럼 겉으로 볼 때 상관이 없어 보이는 두 개의 요소

관련 없는 것들 짝짓기

를 연결해서 연상하는 방법을 '이연연상二連聯想, bisociation'이라고 한다. '이연현상'은 헝가리 태생의 영국인 아서 쾨슬러Arthur Koestler가 쓴 『창조의 행위The Act of Creation』라는 책에서 처음 등장한 용어로, 다양한 발명과 발견의 사례에서 관찰되는 공통적 사고 패턴이다.

'연상association'이라고 하면 지금 생각하고 있는 대상과 유사한 성질의 다른 것을 머릿속에 떠올리는 것을 의미하지만 '이연연상bisociation'은 성질이 전혀 다른 것을 결부시켜서 생각하는 것을 말한다.

이연연상을 지칭하는 영어 단어 bisociation은 서로 다른 두 개의 다른 요소를 결부시켜서 생각한다는 의미에서 association의 첫 글자 'a' 대신 둘을 나타내는 접두사 'bi'를 붙인 것이다.

창의적 발상에서 전혀 다른 것을 결부시키는 이연연상이 중요한 이유는 그것을 통해 단선적인 사고의 한계를 뛰어넘을 수 있기 때문이다.

약국처럼 영업하는 술집

이연연상이 적용된 재미있는 예가 있다. 홍대 앞에서 영업 중인 약국 같은 술집이다. 다음은 일간지에 실린 이 술집에 대한 기사를 요약한 것이다[2].

문을 열고 들어서면 'Pharmacy(조제실)'라고 적힌 곳에서 흰색 가운을 입은 남자들이 뭔가를 제조하고 있다. 여기저기 약 봉투와 약병 등

약국처럼 영업하는 술집

을 발견할 수 있다.

내부 풍경만 보면 흡사 어느 약국에 온 것 같은 기분이 들지만 이곳은 일정 금액만 내면 무제한으로 칵테일을 즐길 수 있는 술집이다. 안주로 제공하는 젤리도 접시가 아닌 약 봉투에 담아 준다.

가게 주인은 '한 잔 술이 명약'이라는 말에서 아이디어를 얻어 약국 콘셉트의 술집을 열게 됐다고 한다. 이색적인 인테리어 덕분에 입소문이 나면서 지상파 방송과 일본·중국 매체에도 소개되었다. 이 때문에 주말에는 한두 시간씩 기다려야 자리에 앉을 수 있을 정도로 장사가 잘된다.

하지만 송사訟事에 얽히면서 앞으로 가게 운영이 어떻게 될지 장담

관련 없는 것들 짝짓기

하기 어려워졌다. 약국이라는 말이 포함된 상호 때문에 대한약사회에서 구청에 민원을 제기하여 영업정지 처분을 받자 이에 불복하여 행정소송을 냈다.

송사의 결말과 상관없이 이 가게는 '한잔 술은 보약'이라는 세간의 이야기를 매개로 서로 상관이 없어 보이던 약국과 술집을 연결하여 상업적으로 성공을 거두었다.

무엇이든 즐거움과 연결하면 돈이 된다

만화를 보면 저절로 되는 공부

知之者 不如好之者 好之者 不如樂之者

지지자 불여호지자 호지자 불여락지자

'아는 사람은 좋아하는 사람만 못하고, 좋아하는 사람은 즐기는 사람만 못하다'는 뜻이다. 논어에 나오는 이 말은 무엇이든지 즐기면서 하는 것이 최고라는 의미를 담고 있다.

현대적인 의미로 해석하자면 어떤 분야라도 오락적 요소를 연결하는 것이 매우 중요하다고 할 수 있다.

많은 아이들이 지겹고 재미없게 생각하는 공부도 엔터테인먼트와 연결하면 보다 즐겁게 할 수 있지 않을까? 이러한 생각에서 나온

관련 없는 것들 짝짓기

것이 바로 교육^{education}과 오락^{entertainment}을 연결한 '에듀테인먼트 edutainment'다.

에듀테인먼트의 대표적 사례로 손꼽히는 학습만화 '마법천자문'은 손오공이 주인공으로 나오는 서유기를 새롭게 각색해서 흥미진진한 스토리를 토대로 만화로 만들고, 만화를 보면서 자연스럽게 한자를 공부할 수 있도록 한 것이다.

만화 속에서 주인공이 사악한 적과 대결할 때 마법의 주문을 외운 후 훈訓(뜻)과 음音(소리)을 외치면 거기에 해당하는 한자가 나타나는 식이다.

예를 들면 손오공이 궁지에 몰려 반격이나 탈출을 시도할 때 "펼쳐라!"라는 주문과 함께 "펼 전"이라고 외치면 해당 한자인 "전展"자가 나타난다.

학습만화 '마법천자문'

2003년 11월 첫 권이 나온 마법천자문 시리즈는 출간 10년 만에 2000만 부가 넘는 기록적 판매량을 달성했으며 애니메이션, 게임 등의 많은 파생상품을 통해 다양한 분야로 사업 영역을 확장하는 등 큰 성공을 거두었다.

신나게 드럼을 두들기면 날씬해지는 몸매

국악 뮤지컬 '판타스틱'을 제작한 (주)해라의 지윤성 대표는 드럼과 피트니스를 결합한 새로운 운동 프로그램인 '판타스틱 DGX^{Drum Group EXercise}'를 개발했다.

판타스틱 DGX를 위한 기구는 무선스피커 기능을 겸하는 드럼패

'판타스틱 DGX' 홍보 이미지

관련 없는 것들 짝짓기

드와 스마트폰을 거치할 수 있는 스탠드로 구성되어 있다. 피트니스센터처럼 운동기구들이 잔뜩 비치된 장소에 가서 트레이닝을 통해 힘들게 칼로리를 소모하는 것과 달리 언제 어디서든 음악에 맞춰 흥겹게 드럼을 연주하는 것만으로도 운동 효과를 기대할 수 있다.

판타스틱 DGX는 스포츠sports와 오락entertainment이라는 두 가지 다른 장르를 연결한 '스포테인먼트sportainment'의 좋은 사례로서 운동할 시간적 여유가 없는 현대인들에게 안성맞춤인 피트니스 프로그램이다.

문화예술에 내재된 연결 코드

사진은 어떻게 예술이 되었을까

눈에 보이는 것을 그대로 재현하는 사진술이 어떻게 독자적 예술의 한 장르로 발전할 수 있었을까? 눈에 보이는 것 그 이상을 담아내기 위해 창의적 발상을 다양한 방식으로 접목했기 때문이다. 그 중 '연결'의 개념이 적용된 예를 보자.

원범식 작가는 '건축조각Archisculpture'이라 불리는 새로운 작품 세계를 개척했다. 목재나 석재가 아니라 건축물의 사진을 재료로 새로운 가상의 건축물을 창작하는 것이다. "저 푸른 초원 위에 그림 같은 집을 짓고 사랑하는 우리 님과…"라는 유행가 가사처럼 사람들에게는 사랑과 더불어 자신의 정취가 담긴 집에 대한 꿈이 있다. 이러한 이루기 힘든 꿈을 작가는 사진 콜라주로 구현했다.

원범식의 'Archisculpture 017'

　　원범식 작가의 건축조각 사진 작품의 특징 중 하나는 작품번호만
있지 따로 작품명이 없다는 것이다. 작품에 이름을 붙이지 않은 것은
"관람객들의 상상력을 제한하고 싶지 않다"는 작가의 의도 때문이다.
작품에 이름을 붙이면 작품명이란 프레임 속에서 작품을 감상할 가능성
을 염려한 것이다. 겉으로 드러나지 않지만 작품의 중요한 특징 중 하나
는 한 번 쓰인 이미지는 두 번 다시 사용하지 않는다는 것이다. 여기에

는 가상의 건축물을 만들기는 하지만 그것의 예술성을 담보하기 위한 작가의 의도가 들어간 것으로 생각된다.

　권오상 작가는 평면적 사진과 입체적 조각을 결합한 '사진조각Photo Sculpture'이란 영역을 개척했다. 대학에서 조각을 공부하던 작가는 "왜 조각은 돌이나 청동 같이 무거운 소재를 사용하는가?", "가벼운 조각 작품을 만들 수는 없을까?"라는 의문을 가졌다. 그러던 중 자신이 좋아하는 조각과 사진을 결합한 사진조각이라는 것을 착상했다.

권오상의 '킨 채플린Keane Chaplin'

관련 없는 것들 짝짓기

아주 가벼운 소재인 스티로폼으로 조각하고, 그 위에 모델의 실제 사진 수백 장을 오려서 이어 붙인 다음 투명한 에폭시 수지를 입힌 작품을 만들었다. 2008년 영국의 유명한 4인조 록밴드 킨^{Keane}의 세 번째 음반 재킷에 권오상 작가의 작품 사진이 실린 것은 언론에도 소개된 바 있다.

전통과 현대를 연결하다

이이남 작가는 '영상회화'라는 새로운 영역을 개척했다. 전통 수묵회화가 그의 손을 거치면 디지털 모니터 위에서 움직이는 그림으로 다시 탄생한다. 이이남 작가의 초기 작품인 단원 김홍도의 묵죽도를 보자[3].

처음 화면엔 선비의 기개를 닮은 단원의 묵죽도가 등장한다. 곧이어 대나무밭 사이로 시원한 겨울바람이 한차례 불더니만, 이내 함박눈이 가득 내리기 시작한다. 바람결에 날리던 댓잎은 흰옷을 입고 요동을 잠시 멈춘다. 꼿꼿이 선 대나무도 어느덧 점점 쌓여가는 백설의 무게를 못 이겨 고개를 숙인다.

우리나라 전통예술 중 특히 회화 부문은 대다수의 젊은이들로부터 외면당하고 있다. 동양화나 한국화라고 하면 누구라도 산수화나 초상화

이이남의 '디지털 8폭 병풍 Ⅲ' 스틸컷

를 떠올리듯이 소재가 한정적이고 표현 방법 또한 별다른 변화가 없어 고루하다는 인상을 주기 때문이다.

한국화가 김현정은 이러한 인식을 깨뜨린 신세대 작가다. 2014년 인사동 가나아트센터에서 열린 개인전 '내숭올림픽'은 하루 최다 관람객을 기록하며 화단의 주목을 받았다. 또한 2016년 미국 뉴욕 메트로폴리탄미술관MET 초대전에서 호평을 받은 바 있다.

김현정 작가의 작품 속 여인은 모두 한복을 입고 있는데, 단아하고 우아한 전통적 여인상과는 달리 방바닥에 앉아 양은 냄비에 끓인 라면을 뚜껑에 덜어 먹거나 배달시킨 중국음식을 택배 상자 위에 놓고 먹는 모습, 허벅지를 드러내고 자전거를 타거나 스케이트보드를 즐기는 모습 등과 같이 젊은 현대 여성의 생기 넘치는 일상생활을 파격적으로 표현

관련 없는 것들 짝짓기

김현정의 '나를 움직이는 당신'

하고 있다.

　덧칠해도 탁해지지 않고 오히려 투명한 느낌을 줄 수 있는 수묵화의 매력을 살리기 위해 누드 밑그림을 그린 다음 치마는 먹을 이용해 반투명으로 표현한다. 또한 저고리는 직접 염색한 한지를 붙여 질감을 살린다. 김현정 작가는 '내숭과 파격'이라는 단어가 따라다니는 자신의 작품 세계는 전통적 동양화와 자신의 삶을 '연결'한데서 시작됐다고 한다.

에필로그

우연한 행운을 관리해야 한다

창의성을 가로막는 생산성의 논리

생산성의 논리 vs 창의성의 논리

20세기에 도입된 대량생산시스템과 과학적 관리에 의해 일반 대중들의 먹고 입는 문제가 해결되었다. 20세기가 생산성의 시대였다면 21세기는 창의성의 시대다. 이러한 시대적 전환에서 주목해야 할 점은 생산성의 논리와 창의성의 논리가 근본적으로 다르다는 것이다.

이를 이해하기 위해 '촛불문제candle problem'에 대한 일련의 연구를 살펴보자. 촛불문제는 사물을 기존에 쓰이던 용도로만 사용하려는 심리적 편향인 '기능적 고착'을 설명하기 위해 심리학자 칼 던커Karl Dunker가 수행한 실험이다.

던커가 고안한 촛불문제는 매우 간단하다. 다음 그림과 같이 탁자 위에 양초 하나, 압침 한 상자와 성냥을 두고 피실험자들에게 "양초를

촛불문제

벽에 붙이되 촛농이 바닥에 떨어지지 않도록 하라"는 과제를 주었다. 물론 벽은 압침이 들어갈 수 있는 합판이나 코르크로 되어 있다.

어떤 사람들은 압침으로 양초를 벽에 고정시키려 하지만 잘되지 않는다. 다른 사람들은 촛농으로 벽에 붙이려 애쓰지만 그것도 통하지 않는다. 이렇게 몇 분을 허비하고 나서야 다른 방법을 모색한다. 대략 5~10분 정도 지나면 대부분의 사람들이 다음 그림과 같은 해결책을 찾는다.

이 문제에 대한 해결책을 쉽게 찾지 못하는 이유는 압침을 담아놓은 상자를 단지 압침 용기로만 인지하여 다른 용도로 활용할 생각을 하지 않기 때문이다.

미국 육군의 인간공학연구실 소속 심리학 연구원으로 있던 샘 글럭스버그Sam Glucksberg는 금전적 인센티브가 성과에 미치는 영향을 파악하기 위해 1962년 촛불문제를 다음과 같은 방식으로 응용했다. 피실

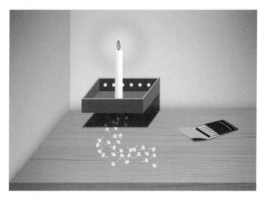

촛불문제의 해결책

험자들을 두 그룹으로 나누고, 한 그룹에는 실험의 목적이 단지 문제해결에 시간이 평균적으로 얼마나 걸리는지 알아보려는 것이라고 이야기하고 다른 그룹에는 상금을 걸었다. 문제를 가장 빨리 푸는 사람에게는 20달러를 주고 문제해결 속도가 상위 25%에 속하는 사람들에게는 5달러씩 주겠다고 약속했는데, 당시의 화폐가치를 생각한다면 5~10분 정도의 수고에 대한 보상으로는 꽤 큰 금액이었다.

이 실험을 통해 그가 알아보려고 했던 것은 "금전적 성과보상을 약속받은 그룹이 다른 그룹보다 얼마나 더 빨리 문제를 해결할 수 있을까"라는 것이었다. 결과는 어땠을까? 놀랍게도 예상과 반대였다. 금전적 보상이 수반된 그룹이 문제해결에 평균 3.5분이나 더 걸린 것이다.

글럭스버그는 실험의 조건을 조금 바꾸어 다음 그림과 같이 압침을 탁자 위에 쏟아 놓고 빈 상자를 옆에 둔 다음 다른 그룹을 대상으로 다시 실험했다. 이렇게 했더니 금전적 보상이 수반된 그룹이 훨씬 빠른 시

단순화한 촛불문제

간 내에 임무를 완수하였다. 이유는 간단하다. 멍청이가 아닌 이상 빈 상자를 다른 용도로 쓸 수 있다고 금방 생각할 수 있기 때문이다.

이처럼 금전적 보상은 명확한 목표를 가진 단순 과업에는 효과를 발휘하지만 그렇지 않은 경우에는 기능적 고착을 강화시키기 때문에 새로운 해결책을 모색하는 데 오히려 방해가 된다. 다시 말해 '당근과 채찍에 의한 관리', 고상한 표현으로 '성과에 따른 보상'은 늘 해 오던 일을 좀 더 잘하기 위한 약藥일 수는 있지만 창의성이 요구되는 업무에는 독毒이 될 뿐이다.

MIT 미디어랩의 댄 애리얼리Dan Ariely 교수의 주도로 이루어진 또 다른 연구도 이를 뒷받침한다. 애리얼리와 그의 동료들은 MIT 학생들을 대상으로 여러 가지 게임을 이용하여 실험했다. 단지 빠른 손놀림motor skill만 요구되는 단순한 게임을 할 때에는 보상이 클수록 성과가 좋았지만 인지능력cognitive skill까지 요구되는 복잡한 게임을 수행할 때는 그 반

에필로그

대로 나타났다. 이러한 결론을 일반화할 수 있는지 알아보기 위해 소득 수준과 문화가 미국과는 많이 다른 인도에서 같은 실험을 하였으나 결과는 마찬가지였다.

이상의 실험들은 성과에 따른 보상이라는 20세기의 관리방식이 창의성을 오히려 저해한다는 것을 시사한다. 또한 이것은 생산성의 논리와 창의성의 논리가 본질적으로 다르다는 것을 의미한다. 창의성을 높이려면 금전적 인센티브와 같은 외재적 보상보다는 재미나 성취감 등과 같은 내재적 보상을 강화하고, 창의적 역량의 토대가 되는 발상력發想力을 높여야 한다.

우연한 행운을 만날 확률을 높이자

뜻밖의 발견을 위한 도발

놀라운 발견이나 발명을 보면 계획된 연구의 결과보다 우연한 행운이 개재된 경우가 많다. 일례로 3M의 장기 효자상품인 접착식 메모지 포스트잇은 강력 접착제를 만들려고 실험하던 중 오히려 접착력이 떨어지는 예기치 못한 결과가 가져다 준 것이다. 창의성 분야에서는 이러한 경우 '세렌디피티serendipity(뜻밖의 발견)'라는 단어를 사용한다.

그러나 우연한 행운이 내게 찾아오는 것을 우연에 맡길 수만은 없지 않은가? 우리는 우연한 행운도 관리해야 한다. 그런데 우연한 행운을 어떻게 관리할 수 있단 말인가?

우연한 행운을 관리한다는 것은 그러한 뜻밖의 행운과 마주칠 확률을 높인다는 의미다. 브레인스토밍이나 '상자 밖 사고'와 같은 자유분방한 사고로는 뜻밖의 행운과 마주칠 가능성을 높일 수 없다. 왜냐하면 제약이 없으면 늘 생각하던 사고의 관성을 벗어나기 힘들기 때문이다.

우연한 행운과 마주칠 확률을 높이려면 종전의 사고 관성에서 벗어나기 위한 의도적 '도발provocation'이 필요하다. 이 책에서 소개한 6가지 발상코드는 이러한 지적 도발을 위한 것이다.

예를 들어 자동차를 대상으로 역전reversal 코드를 이용해 다음과 같이 도발해 보자. "만약 핸들의 회전 방향과 자동차의 진행 방향이 반대가 되도록 만들면 어떨까?" 핸들을 오른쪽으로 돌리면 차가 왼쪽으로 가고, 왼쪽으로 돌리면 오른쪽으로 간다고 하면 대부분의 사람들은 시쳇말로 '이 사람 정말 돌았나?', '고의로 사고내기로 작심했냐?'라는 반응을 보일 것이다.

그럼에도 불구하고 핸들의 회전 방향과 차량의 진행 방향이 반대가 되도록 하면 어떤 효용이 있을지 곰곰이 생각해보자. 아마도 다음과 같

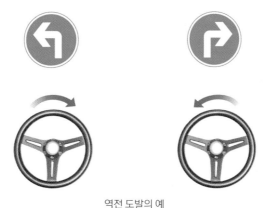

역전 도발의 예

은 효용이 있을 듯하다.

옆 차와 팡팡 부딪히는 것을 즐기는 범퍼카 놀이터에서 어린아이들은 신나게 놀지만 조금 큰 아이들은 운전이 너무 쉬워서 별로 재미를 느끼지 못한다. 이때 난이도를 높이기 위해 핸들의 방향과 범퍼카의 진행 방향이 반대로 되도록 하면 어른들까지도 함께 즐길 수 있을 것이다. 또한 전자오락의 난이도를 높이기 위해 이런 역발상을 적용할 수도 있을 것이다. 자유분방한 사고로는 익숙한 사고의 관성 때문에 이러한 생각이 좀처럼 나오기 힘들다.

이 책에서 소개한 창의적 발상의 6가지 보편적 패턴인 'SMART Connection'을 이용해 의도적 도발을 계속하다 보면 남의 이야기로만 들리던 뜻밖의 행운이 손안에 들어오는 놀라운 경험을 하게 될 것이다. 이러한 행운이 독자들에게 찾아오길 기원하며!

이미지 저작권

138p Max Braun, Flickr CC BY-SA
138p Doodybutch, Wikimedia CC BY-SA
140p blog.lotte.co.kr
143p Marco Verch, Flickr, CC BY
147p Vimeo Screen Capture, Kiva CC BY
148p Courtesy of Buhyun Cho
148p US Patent 9340178B1
152p Sergio Ortega, Flickr CC BY
153p Wikimedia Public Domain
153p Wikimedia Public Domain
156p The Thorvaldsen Collection, CC0
159p Micah MacAllen, Flickr CC BY-SA;
      Marc Smith, Flickr CC BY
160p 필자 촬영사진
162p Alexander Kenney, Wikimedia CC BY
170p Wikimedia Public Domain
172p Wikimedia Public Domain
174p Courtesy of Giha Woo
174p Courtesy of Giha Woo
175p 필자 촬영사진
176p tesla.com
177p YouTube Screen Capture, Hugo
      Henriquez, CC
178p masaya, photozou.jp CC BY
179p Courtesy of Dohyuk Kwon et al.

180p Marit & Toomas Hinnosaar, Flickr CC
      BY
181p Courtesy of Scott Amron
184p YouTube Screen Capture, Steve Jobs
      introduces the iPhone CC
185p Robert Scoble, Wikimedia CC BY
186p Courtesy of Quirky
191p Courtesy of Ryan Hensley and Tom
      Muller
192p Courtesy of Soohwan Kim et al.
193p Courtesy of Pil-ho Kim
195p YouTube Screen Capture, Proximitcyn
202p Wikimedia Public Domain
203p YouTube Screen Capture, Lighting the
      Olympic Flame at Barcelona CC
206p YouTube Screen Capture, 삼성화재 꽃
      병소화기, SamsungfireTalk
212p Courtesy of Jee Yun Sung
215p Courtesy of Beomsik Won
216p Courtesy of 한국사립미술관협회 Korean
      Artist Project
218p Courtesy of 한국사립미술관협회 Korean
      Artist Project
219p Courtesy of Hyun-jung Kim

참고문헌

프롤로그

1) Goldenberg, J., Mazursky, D. and Solomon, S.(1999), "Creative sparks", Science, Vol. 285 Issue 5433, pp.1495-1496.

2) Ashton, K.(2015), How to Fly a Horse: The Secret History of Creation, Invention, and Discovery, Doubleday. (이은경 역(2015), 『창조의 탄생』, 북라이프.)

3) Furnham, A.(2000), "The brainstorming myth", Business Strategy Review, Vol.11 No.4, pp.21-28.

4) Ideation International(2008), "What is TRIZ and Ideation TRIZ?", Design for Innovation, Weblog for Sustainable Innovative Solutions.

5) Boyd, D. and Goldenberg, J.(2013), Inside the Box: A Proven System of Creativity for Breakthrough Results, Simon & Schuster. (이경식 역(2014), 『틀 안에서 생각하기』, 책읽는 수요일.)

1. 제거Subtraction

1) Chenaug, B. X.(2014), "Simplifying the bull: How Picasso helps to teach Apple's style", New York Times, 11, August.

2) 정상영(2012), "백남준과 스승 존 케이지", 한겨레신문, 3월 22일.

3) 이용우(2009), "백남준의 삶·예술⑦: 스승 존 케이지", 동아일보, 9월 24일.

4) 우정아(2011), "공간 속의 새", 조선일보, 9월 27일.
김준래(2015), "날개 없는 신개념 풍력 발전기 등장", 사이언스타임즈, 3월 4일.
박은석(2008), "침묵도 음악, 전위적 도발", 한겨레신문, 1월 25일.
송태형(2015), "난타 관객 1천만명 돌파", 한국경제신문, 1월 4일.
신정선(2014), "1000萬을 난타하다", 조선일보, 6월 21일.
전설리(2014), "피카소처럼…애플 철학은 단순화", 한국경제신문, 8월 13일.
주동준(2017), "'재현'에서 '표현'으로 진화 - 추상미술", 매일경제신문, 10월 12일.

2. 복제Multiplication

1) 금원섭(2011), "로봇 최강국 일본 그들을 구한 건 미제 로봇이었다", 조선일보, 8월 27일.

2) 박희숙(2010), "실크 스크린 기법으로 예술을 '찍어 내다'", 사이언스타임즈, 8월 16일.

3) 김해인(2010), "팝 아트의 창시자, 앤디워홀을 만나다", 한겨레신문, 2월 25일.

4) 이용우, "백남준의 삶·예술⑦: 스승 존 케이지", 동아일보, 9월 24일.

5) 배재호(2016), "TV부처, 백남준", 불교신문, 7월 2일.

신용희(2007), "크리스티의 스타작가 김동유 화백", 금강뉴스, 8월 22일.

우정아(2013), "공장에서 예술품을 '대량 생산'한 앤디 워홀", 조선일보, 11월 19일.

이진숙(2013), "구도적인 반복 행위로 탄생하는 이중그림", 톱클래스, 1월호.

임도혁(2012), "엘리자베스 60주년展 유일하게 초청된 亞 미술가", 조선일보, 5월 15일.

3. 속성변경 Attribute change

1) 이영완(2018), "민들레 씨앗 비행의 비밀은 두 개의 '공기 소용돌이'", 조선일보, 10월 25일.

2) 구특교(2018), "과속하면 도로 내려앉아 '덜컹'… 속도위반 80→30%로 뚝", 동아일보, 12월 10일.

3) 이명옥(2006), "가까이 보는 것과 멀리 보는 것이 다른 그림", 뷰스앤뉴스, 12월 28일.

김유영(2019), "종이신문의 변신과 귀환 구독의 본령에서 길을 찾다", 동아일보, 2월 15일.

박소영(2013), "NYT 구독료 사상 처음 광고 수입 추월", 중앙일보, 2월 9일.

성호철(2011), "NYT 온라인 유료화, 성공 궤도에 안착", 조선일보, 7월 27일.

SK이노베이션(2014), "카페를 시간으로 나누다, 치페르블라트(Ziferblat)", SK이노베이션 블로그, 6월 5일.

이상욱(2009), 「욕망하는 테크놀로지」, 동아시아.

정상혁(2015), "영 중학생들, 성병균 닿으면 색깔 변하는 콘돔 발명", 조선일보, 6월 26일.

조건희(2013), "미 샌프란시스코 스마트 주차", 동아일보, 9월 18일.

Naja, R.(2013), "AD Classics: Tower of winds", ArchDaily, 18 March.

Taylor, Z.(2014), "'Fantastic voyage' of Technion professor", ERSA Magazine, Issue 173, February-March.

4. 역전 Reversal

1) 김진구(2018), "화장실 '손 건조기' 세균 온상… 종이타월 5배", 헬스조선, 9월 11일.

2) Johnson, S.(2011), Where Good Ideas Come From: The Natural History of Innovation, Riverhead Books. (서영조 역(2012), 「탁월한 아이디어는 어디서 오는가」, 한국경제신문사.)

3) Root-Bernstein, R. S. and Root-Bernstein, M. M.(2001), Sparks of Genius: The Thirteen Thinking Tools of the World's Most Creative People, Mariner Books. (박종성 역(2007), 「생각의 탄생」, 에코의 서재.)

4) Root-Bernstein, R. S. and Root-Bernstein, M. M.(2001), Sparks of Genius: The Thirteen Thinking Tools of the World's Most Creative People, Mariner Books. (박종성 역(2007), 「생각의 탄생」, 에코의 서재.)

구본권(2011), "카메라 혁명…일단 찍고, 초점은 골라 쓴다", 한겨레신문, 7월 4일.

송의달(2007), "마카오에 세계 최대 카지노…샌즈그룹 회장 셸던 아델슨의 3색 경영", 조선일보, 9월 22일.

송정훈(2007), "현대카드M 빅히트, 출시 4년 만에 500만 유효회원 돌파", 디지털타임스, 8월 22일.

우정아(2013), "개척, 고독, 자유의 꽃", 조선일보, 9월 13일.

이상우(2015), "사진 대신 공간을 찍는 카메라 - 라이트로 일룸", IT동아, 4월 13일.

이석원(2014), "아마존이 창고 로봇으로 얻은 것", 테크홀릭, 12월 3일.

이종민(2016), "파리의 이단아 건축물 퐁피두센터", 철강금속신문, 5월 27일.

이창호(2011), "렌조 피아노와 리차드 로저스의 조르주 퐁피두센터", 매일경제 Luxmen, 4월호.

이학준(2014), "세계 미술 경매의 역사…경매 망치 효시는 로마 때 노예 고르던 창", 매일경제신문, 3월 4일.

전정은(2015), "현대미술 이야기 19 - 조지아 오키프", 중앙일보, 9월 14일.

조호진(2009), "배 찾아가는 부두 모바일 하버(Mobile Harbor)… 6000억 값 할까", 조선일보, 8월 13일.

최정아(2011), "젖가슴 전부 드러나는데…브래지어 맞아?", 동아닷컴, 4월 15일.

황형규(2010), "5년간 주가수익률 912%…프라이스라인닷컴 성공비결", 매일경제신문, 11월 16일.

Dee, J.(2009), "Eko lights: an invention to end road rage?", The Guardian, 16 December.

Sullivan, M(2012), "A brief history of GPS", PC World, 9 August.

Woolf, N(2016), "Google patents 'sticky' layer to protect pedestrians in self-driving car accidents", The Guardian, 18 May.

5. 용도통합 Task unification

1) McCaffrey, T. and Pearson, J.(2015), "Find innovation where you least expect it", Harvard Business Review, December, pp.83-89.

2) 안재광(2016), "리만 자전거용 킥스탠드 펌프, 맥가이버 펌프로 자전거족 고민 한번에 해결", 한국경제신문, 6월 20일.

심재율(2017), "투명 태양광 패널에 시선집중", 사이언스타임즈, 10월 25일.

이성규(2015), "매년 1천억 개 먹는 제3의 식량", 사이언스타임즈, 8월 12일.

6. 연결 Connection

1) 강승현(2018), "꽃병 소화기, 광고회사가 만들었네", 동아일보, 10월 23일.

2) 구혜진(2014), "약국 간판 달고, 약사 가운 입고 … 홍대 앞 칵테일 바", 중앙일보, 4월 11일.

3) 김윤섭(2012), "디지털 화면서 다시 핀 김홍도의 묵죽도", 한국경제신문, 8월 8일.

김문석(2018), "판타스틱 DGX 27일 론칭, 드럼과 피트니스의 결합", 경향신문, 2월 26일.

김보령(2011), "가벼움과 비움이 만들어낸 사진조각", 월간사진, 6월호.

박현주(2010), "디지털시대 미디어아티스트 이이남 대세", 파이낸셜뉴스, 10월 7일.

신진아(2015), "원범식 개인전, 조각건축 아니고 건축조각입니다", 뉴시스, 2월 26일.

오유교(2017), "세계를 놀라게 한 한국화가 '미술 문턱 낮추고 싶다'", 조선일보, 6월 22일.

유재혁(2011), "마법천자문의 진화…애니·게임·캐릭터로 대박 사냥", 한국경제신문, 9월 16일.

윤석철(2009), "창조경영의 조건", 동아일보, 9월 17일.

한현우(2008), "영(英)밴드 킨 세 번째 음반 재킷, 제 작품이에요", 조선일보, 11월 6일.

Koestler, A.(1964), The Act of Creation, Dell Publishing Co., Inc.

에필로그

Ramm, J., Tjotta, S. and Torsvik, G.(2013), "Incentives and creativity in groups", Social Science Research Network, CESifo Working Paper Series No. 4374.

결국, 아이디어는 발견이다

초판 1쇄 발행 2019년 4월 10일
초판 3쇄 발행 2019년 6월 13일

지 은 이 박영택
발 행 인 김종립
발 행 처 KMAC
편 집 장 김종운
책임편집 최주한
홍보·마케팅 김선정, 박예진, 이동언
디 자 인 이든디자인
출판등록 1990년 5월 11일 제13-345호
주   소 서울 영등포구 여의공원로 101, 8층
문의전화 02-3786-0752 **팩스** 02-3786-0107
홈페이지 www.kmac.co.kr

ⓒKMAC, 2019
ISBN 978-89-93354-56-0 03320

값 16,500원
잘못된 책은 바꾸어 드립니다.